知識ゼロからの

株で3000万円貯める技術

投資の学校GFS校長

市川雄一郎

幻冬舎

はじめに

数年前に「老後２０００万円問題」が大きな話題となりました。これは２０１９年に金融庁がまとめた報告書によるもので、その根拠となっているのは２０１７年度の高齢夫婦無職世帯の家計収支です。あくまで一例なので、この試算がすべてではありませんが、この数年間でも食料品などの生活必需品の物価が上昇していることを考えると、はたして２０００万円で足りるのかと不安になります。住宅ローンを完済していて、贅沢をせず、健康であれば足りるのかもしれませんが、いずれにしても年金だけで生活するのは、相当切り詰めない限り厳しいでしょう。90歳代や100歳代まで長生きすることを考えると、ゆとりをもって３０００万円は老後資金として用意しておきたいものです。

では、３０００万円もの大金をどのようにしてつくったらよいのでしょうか。

そのひとつの方法が、投資です。

投資というと、「難しそう」「怪しい」「怖い」と感じる人が多いようですが、それも仕方のないことです。お金は人が生きるうえで欠かせないものであるに

もかかわらず、いまの社会人は学校でお金の教育を受けていないので、投資とは何か、という基本的な知識をもっていません。そのうえ、親世代からバブル期に投資で大失敗した人などの話を聞かされたり、お金の話をするのは下品と教わってきたりしているので、投資にネガティブなイメージをもってしまうのでしょう。

しかし、現代は書籍やネット記事、ＹｏｕＴｕｂｅなどで多くの情報を得られますから、学校で学ばなかった金融教育を自ら学ぶことができます。一方で、たくさんの情報の中から、正しい情報を取捨選択していく力も必要になってきています。

そこで本書では、投資の未経験者や始めたばかりでよくわからないという人に向けて、お金と投資の基本的な知識を解説していきます。そもそも「投資」とは何かというと、お金を産む付加価値のあるものに対してお金を投じることです。つまり、株や債券といったものです。似ている言葉に「投機」がありますが、これはチャンスが訪れたときにお金を投じることです。投機の場合、チャンスをつかめばお金を増やすことができますが、見極めが難しく、またそのチャンスは1回限りなので、再現性がありません。私がすすめているのは、投

機ではなく投資です。

例えば株式市場の場合、過去200年間を見てみると、一時的に株価が下がることはありますが、長期で見ると右肩上がりです。株式のように、再現性があり成長が見込めるものに投資をすることで資産を増やすことができるのです。もちろん絶対に失敗しないとはいえませんが、正しく学び、少しずつ慣れてくれば、成果が現れます。レシピを見て料理をつくったとしても、最初は失敗することもありますが、何回かつくればうまくつくれるようになるでしょう。それと同じです。

本書が人生100年時代に向けた資産づくりの一助になれば幸いです。

グローバルファイナンシャルスクール（GFS）校長　市川雄一郎

お金で悩まない人生を叶える
投資の学校へようこそ!

投資初心者でも大丈夫!

どの年代でも老後までに3,000万円貯められる!

一緒に学んでいきましょう!

市川雄一郎先生

《 年代別 3,000 万円資産形成ストーリー 》

Case1

20 代 Aさんの場合

\Aさん/

Profile
- 25 歳　女性
- 家族構成：独身で一人暮らし
- 会社員

\アドバイス/

独身だと自由にお金を使えますが、
生活に支障の出ない少額から投資を始めましょう。
将来、結婚や子どもをもつことを考えるなら、
投資とは別にある程度の金額を貯蓄に回すことも必要です。

投資プラン

元手：0円、 月々：1万円、 利回り：7.5%

↓ 40 年間継続

達成!

数年前に話題になった「老後2000万円問題」で、自分の老後のお金を意識し始めた人も多いのではないでしょうか。一概にはいえませんが、公的年金の受給額の減少や物価の上昇を考えると、豊かな老後を送るには、1人3000万円ほどの用意があれば安心といえるでしょう。

3000万円と聞くと高い目標に思えるかもしれませんが、実はどの年代でも老後までに貯められる金額です。時間の余裕がある20代は、少額を長期間投資することで難なく到達します。50代でも、ある程度の元手があったり、高い利回りで運用ができたりすれば達成できます。

Case 2

40代 B男さんの場合

Profile

- 40歳　男性
- 家族構成：妻（40歳会社員）、長男（13歳）、長女（9歳）
- 会社員

＼アドバイス／

結婚し子どもをもったり、住宅を購入したりなど出費が多い年代です。
貯蓄が難しい時期かもしれませんが、月々数万円でも投資に回せると、老後の資産が豊かに。

投資プラン

元手：25円　月々3万円、
利回り：8.0％

↓ 25年間継続

Case 3

50代 Cさんの場合

Profile

- 55歳　女性
- 家族構成：夫（65歳、定年退職済み）、子ども二人は自立済み
- パート勤務

＼アドバイス／

老後が近づき、セカンドライフをより真剣に見据えるように。
子どもがいる人は、手がかからなくなる時期でしょう。
まとまった資金を元手にすると、短期間で資産を増やすことができます。

投資プラン

元手800万円、月々5万円、
利回り9.5％

↓ 10年間継続

3,000万円貯蓄

「貯金は美徳」の時代は終わり

年金と貯蓄だけでは厳しい。老後資金は“投資”でつくる時代

《もう貯蓄だけではダメなのはなぜ?》

投資で資産形成したおかげで、
豊かな老後が過ごせる

超低金利時代

昔は、銀行にお金を預けるだけでお金が増えていた。例えば、金利６％で100万円を10年間預けると、約160万円にもなる。一方、いまの金利は0.02%が相場。これでは10年間預けても約2000円しか増えない。もう銀行預金の金利に期待はできない。

現役時代の貯蓄の難しさ

続く増税や物価の上昇にもかかわらず、賃金がほとんど引き上げられていない。本来、働き盛りの時期に貯蓄をしておきたいものだが、生活が厳しく難しくなる一方。

人生 100 年時代

平均寿命は延び続けており、近い将来、国民の半数以上の寿命が100年を超えるといわれている。セカンドライフが長くなった分、資金も多く必要に。

日本で投資があまり広まらない理由の一つに、「貯金は美徳」という考えが根強いことが挙げられます。

この考えは、戦後の日本政府が国民に貯金を推奨したことに端を発しています。その頃は高金利で、定期預金をしているだけでお金が増えたため、たしかにメリットがありました。しかし、現在は金利が大幅に下がっているので、貯金をしてもお金は増えません。

物価も上昇し、昔とは状況が変わりました。貯金だけでなく投資もして資産を増やさないと、安心して老後が過ごせない時代になっているのです。

貯蓄だけだと、老後切りつめる生活に……!?

退職金は減少傾向

退職金は会社員の老後を支える大きな柱であった。しかし、続く不況により、退職金の額を減らしたり制度そのものを廃止する企業も多い。

物価の高騰

長期的に見ると、経済はゆるやかに成長していく。それに伴い物価も上昇し、お金の価値が低くなる(インフレ:P96)。つまり、同じ100万円でも、預けた当時と30年後では価値が変わっている。銀行に預けているだけでは、お金の価値が下がり、実質目減りしていることになる。

受給年金の減少

このまま少子高齢化が進み、年金受給者を支える現役世代が減ると、受け取れる公的年金の額は確実に少なくなる。

誤解・言い訳していない?

仕組みを理解し、最低限の知識をつければ投資は怖くない!

《日本人に多い投資への誤解》

Q 損をするリスクがあるくらいなら、投資に手を出さず貯蓄だけでいいのでは?

A 貯蓄では、 お金は実質目減りします

例えば、10年かけて120万円を預金口座に貯めたとします。しかし、その10年間で物価が2%上昇すると、お金の価値は2%下がります。貯まった120万円は、**貯金を始めた頃の120万円の価値はなく、数万円分の価値が実質目減りしています**。利息はつきますが、微々たるものです。それでもよいのでしょうか。まずはそのことに気づいていただきたいのです。

Q そもそも、なぜ投資でお金が増えるのか不思議。わからないものには手を出したくないです。

A 出資金を元手に企業が儲けを生み出すからです

会社は、多くの人が買ってくれた株式のお金を元手に事業を拡大し、儲けが出たら株式を買ってくれた人々に配当金を還元します。これが株式会社の仕組みです。投資をする側は、**株式を購入した企業が成長している限り、配当金を得ることができます**。

仕組みを理解していればお金が増えることは不思議なことではありません。

「投資は怖い」という声をよく聞きます。詐欺など悪い面が報道されやすいこともありますが、40~50代の人であれば親世代からの影響も大きいでしょう。

この親世代は、バブル時代に投資に失敗した人々が少なからずいます。知人に勧められて投資した結果、株価が暴落しても売る術がわからず、大きな損失を出したといったケースです。ただ、この敗因は、株の知識をもたずに投資してしまったことに尽きます。運転免許証をもたずに路上で車を運転して、事故を起こしたようなものなのです。投資は勉強をしていれば、怖いものではありません。

Q もし投資で大損したり、だまされたらと思うと怖い。絶対に失敗しない投資方法を知りたい!

A 勉強・振り返り・実践を繰り返すことです。絶対に失敗しない投資方法はありません

投資は、利益を生み出す可能性がある反面、マイナスになる可能性も常にはらんでいます。

それをうまく見抜き、投資すべき商品を適切に見抜けるようになるには、下記のサイクルを繰り返すしかありません。

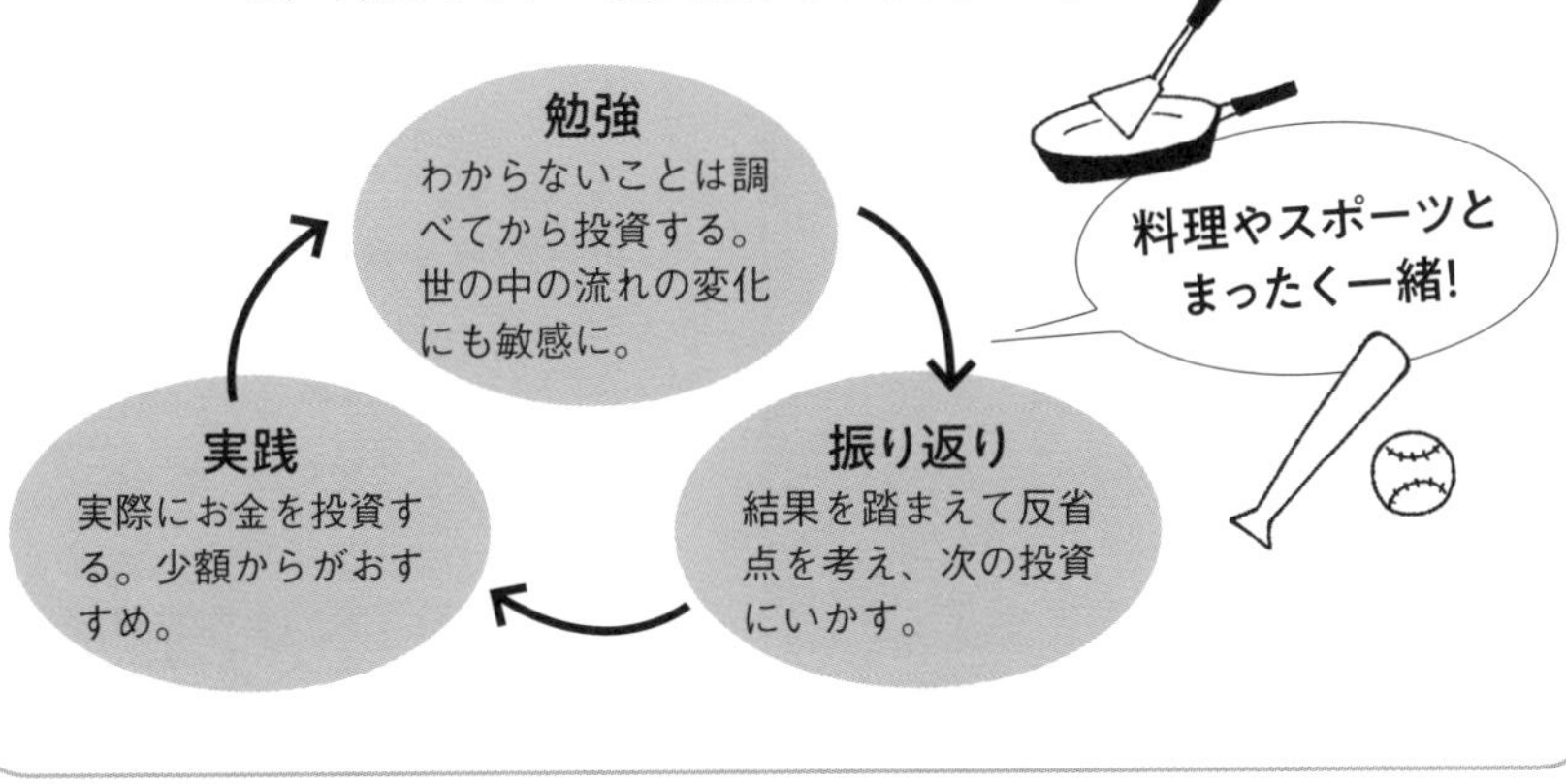
勉強
わからないことは調べてから投資する。世の中の流れの変化にも敏感に。
振り返り
結果を踏まえて反省点を考え、次の投資にいかす。
実践
実際にお金を投資する。少額からがおすすめ。
料理やスポーツとまったく一緒!

国を挙げて投資を支援!

新 NISA・iDeCo など、近年は個人投資へのサポートが充実

NISA、iDeCo での長期スパンの運用がおすすめ

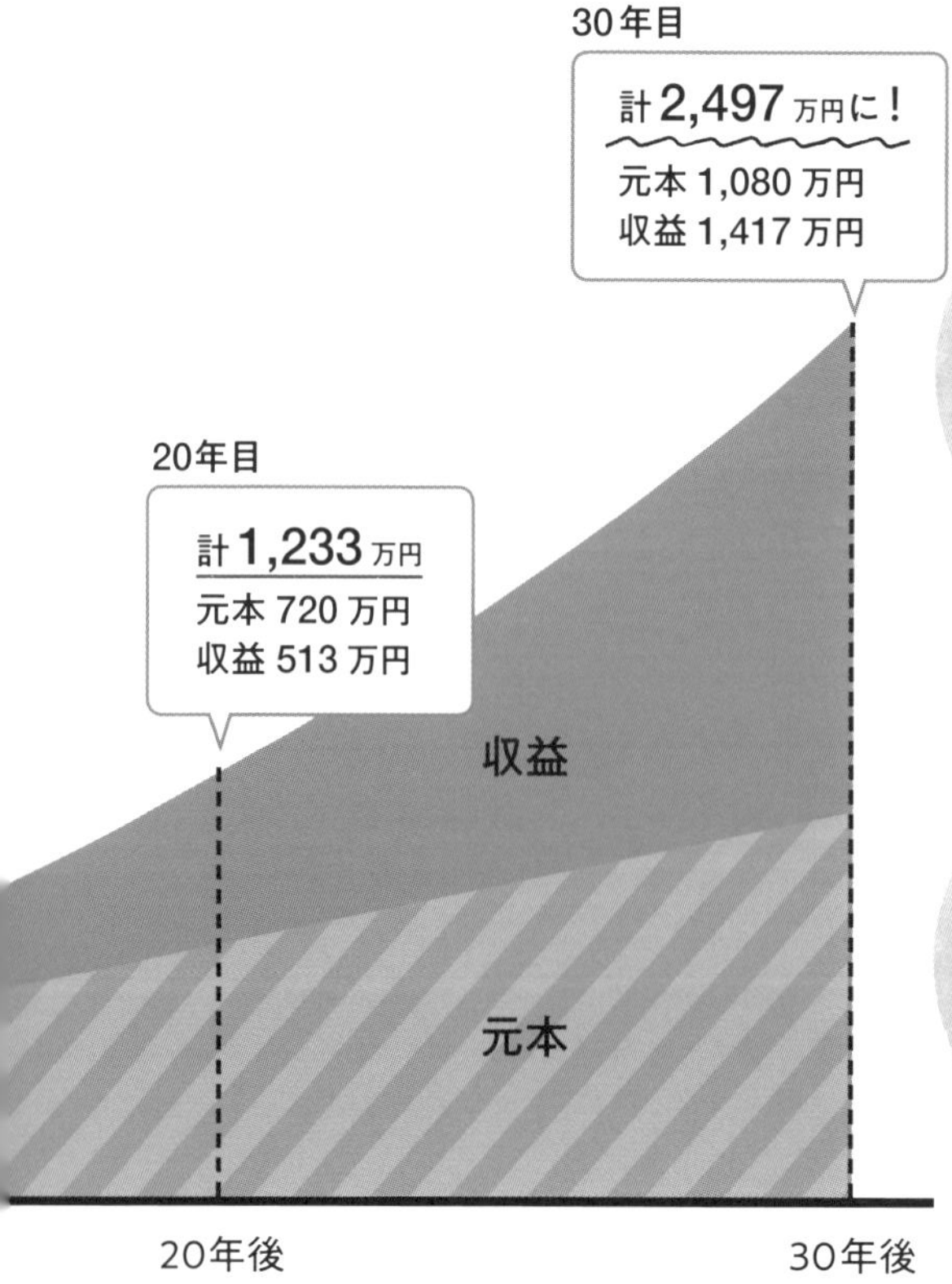

30年目
計 2,497 万円に!
元本 1,080 万円
収益 1,417 万円
20年目
計 1,233 万円
元本 720 万円
収益 513 万円
収益
元本
20年後
30年後

2024 年から
スタート

新 NISA とは?

投資で得た利益に税金がかからない制度。2024年から新NISAとしてリニューアル。非課税で資産を保有できる年数が無制限になり、投資金額の上限が拡大された。

詳しくは P104 ~

老後の資金づくり
に最適

iDeCo とは?

自分でお金を積み立てて運用し、自分の年金を形成する制度。NISA同様、運用益は非課税。また、月々の掛け金は課税所得から控除されるので、所得税などが安くなる。

詳しくは P122 ~

現在は日本政府も投資を推奨しています。寿命が延びて老後資金の不足が問題となり、貯蓄や年金だけでは足りないことが明らかなので、大きな資金をつくるためには投資を始めた方がよいというわけです。

とはいえ、投資には元本割れなどのリスクがあります。そこで、初心者でも比較的安全に投資を始められる制度として、NISA（少額投資非課税制度）やiDeCo（個人型確定拠出年金）が始まりました。前者は2024年に「新NISA」として制度が変わったことも話題になりました。これらを活用し、資産形成に取り組みましょう。

メリット1

税金を抑えられる

通常の口座で投資を行うと、出た利益に対して20.315%の税金が発生する（P86〜）。NISAやiDeCoではそれが非課税となり、長期的に見るとかなりのお得に。

メリット2

複利の効果大

複利とは、利子にもさらに利子がつくこと。例えば、100万円を運用して102万円になった場合、次期では102万円に対して利子がつく。運用期間が長くなるほど利益が大きくなっていくので、長期間の運用は有利。

メリット3

ほったらかしでOK!

投資というと、1日中株の値動きに気を張るデイトレードなどを想像する人もいるのでは。本書でおすすめするのは、値動きに左右されず長期間資産をもち続けることで利益を出す投資法。確認は、1か月に数回程度でOK。

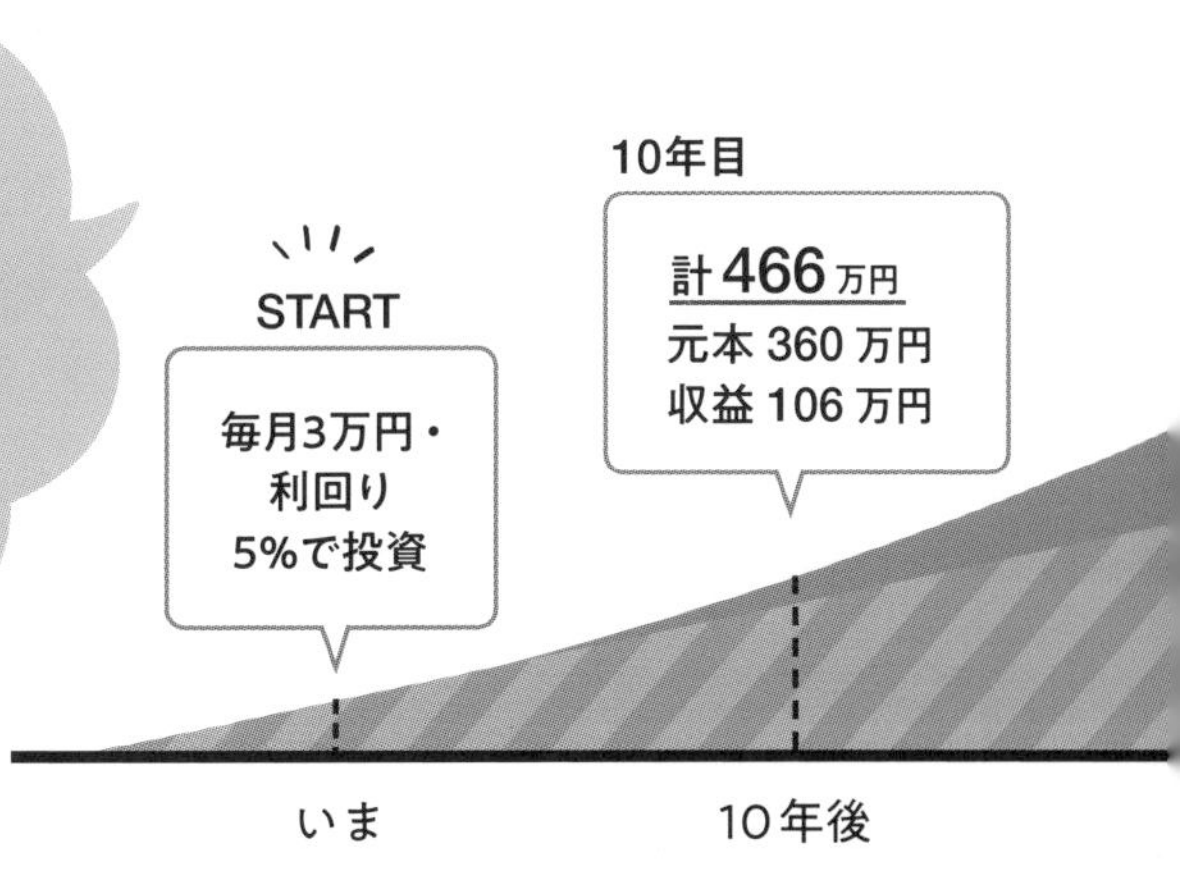
10年目
計466万円
元本 360 万円
収益 106 万円
START
毎月3万円・
利回り
5%で投資
いま
10年後

投資初心者でもOK！

知識ゼロ・貯蓄ゼロでも 4 Step で 利益を出せる!

《 本書の4 Step で誰でも 3,000 万円貯められる 》

Step1

現状把握からスタート

この先の人生に必要なお金を割り出す

まず、ざっくりでいいので、これからどんな人生を送りたいか、「ライフプラン」をつくってみよう。子どもの養育費、マイホーム、老後資金……。この先必要になるお金が、自分が稼ぐお金とつりあっているか、人生全体の支出バランスを試算する。足りない分の金額が、“投資”の目標額となる。

こんな人に
- ☑ 将来に不安があるが、何から始めたらいいかわからない
- ☑ ライフプランはあるが、具体的なお金の試算はしていない

詳しくは１章へ

↓

Step2

投資資金を捻出する

月の投資金額を先に確保し、その中でやりくりする

お金の使い方や貯蓄を見直すことで、無駄な支出をなくし投資に回すお金を捻出する。残ったお金を投資に回そうとすると余らないことがほとんどなので、月々の投資額を前もって決め、差し引いた状態で家計をやりくりするのがおすすめ。

こんな人に
- ☑ “投資”の前に、まず“貯金”自体が苦手……
- ☑ 投資に回すお金がない

詳しくは２章へ

本書では、投資知識ゼロの人が老後資金３０００万円を目指す方法を４Ｓｔｅｐで指南します。投資の基礎知識を身につけて実際に投資を始める前に、取り組んでほしいことがあります。

まずは自分の稼ぎや貯蓄などの現状を把握すること。そして、少しでもよいので、預金などいつでも引き出し可能な貯蓄をつくっておくこと。カツカツの状態で投資をし、キャッシングをするようでは意味がありません。最低限数か月の生活費分の貯蓄がある状態で、投資を始めましょう。

本書を活用し、資産形成のメソッドをじっくり学んでください。

Step4

投資の一歩をふみ出す
NISA・iDeCo だけで、資産 3,000 万円を目指す！

新NISAやiDeCoを利用し、実際に投資をする方法を紹介する。投資は実践して学ぶことが何より大事。まずは少額からでよいので、実際に投資を始めてみよう。知識がついてきたら、投資額を増やしていけると理想。

こんな人に
- ☑ NISA と iDeCo のどちらが自分に合っているか知りたい
- ☑ 早く実際の投資方法を知りたい

詳しくは４章へ

Step3

投資の前にこれだけは
お金の仕組みがわかれば、誰でも資産を増やせる

投資は誰にでもできるもの。ただ、最低限の経済の仕組みと、投資にかかるリスクを知っておかないと、損をしてしまうことも。インフレ・円安、商品の利回り、投資にかかる税・コストなど、投資の前に必要な知識を学ぼう。

こんな人に
- ☑ 経済ニュースは難しくて苦手
- ☑ 投資をやってみたいが、わからないことが多くて怖い

詳しくは３章へ

『知識ゼロからの株で3000万円貯める技術』目次

はじめに …… 1

お金で悩まない人生を叶える　投資の学校へようこそ！ …… 4

1章 現状把握からスタート この先の人生に必要なお金を割り出す

思うより人生は長い。将来不足するお金を計算する …… 22

これから人生にかかるお金

住居、教育、老後、ライフイベントに出費はつきもの。いまから備えておかないと危険 …… 24

これからいくら稼げる？

自分はどのくらい稼いでいるのか、稼げるのか。足りない分は増やす工夫をしよう …… 26

稼ぐお金を増やす①

副業を無理のない範囲でコツコツと。1か月に1万円でも続ければ大きな金額に！ …… 28

稼ぐお金を増やす②

働き方の見直し、資格取得、転職など本業の収入を増やす手段を考えてみよう …… 30

これからいくら使う？

この先の人生、いつ、何に、どのくらいお金が必要になるのか見通しを立てておく …… 32

実践ワークシート
これからどう生きる？　どう貯める？
人生の計画&お金の計画を立ててみよう …… 36

●落とし穴を回避
介護、空き家相続　親に関する大きな出費に注意 …… 38

2章 投資資金を捻出する
月の投資金額を先に確保し、その中でやりくりする

投資資金を差し引いた状態で家計を考える …… 40

月いくら投資に回せる？
給与明細と源泉徴収票を確認して収入や税金の額を把握する …… 42

あなたは貯蓄できるタイプ？
〝貯蓄体質〟になるためにはお金に対する考え方や行動の見直しが必要 …… 44

理想の支出バランス
平均的な支出バランスを参考に使い過ぎている項目をチェック …… 46

支出を見直す①
支出を〝見える化〟するだけでお金の使い方が変わる …… 48

支出を見直す②
お金の出し入れがわかりにくいクレジットカードは使い方に工夫が必要 …… 50

支出を見直す③
キャッシュレス決済は便利だけれど、無意識の使い過ぎに要注意 …… 52

賢いマネー管理
ポイントを貯めてから使えば節約にも！
〝ポイ活〟でお得に暮らす！ …… 54

銀行の選び方
ふだん使い口座と貯める口座を使い分けて効率よくマネー管理をしよう …… 58

銀行預金の使い分け
普通・定期・積立定期預金の3つを目的に応じて活用する …… 60

賢いマネー管理
なぜ銀行に預けると金利がつくの？
金利で増やす！ 預金も投資！ …… 62

銀行で貯める①
家庭に一つ、家計用の口座を。手数料を最小限にして無駄な出費を減らす …… 64

銀行で貯める②
気長に着実に！ 積立定期預金で毎月コツコツと貯蓄にはげむ …… 66

銀行で貯める③
給与天引きの財形貯蓄は非課税が魅力。住宅購入や老後のための資産形成に …… 68

賢いマネー管理
税金対策で少しでも暮らしを楽に！
ふるさと納税や「控除」も忘れずに …… 70

●落とし穴を回避
離婚、大病など　トラブル発生で予期せぬ大出費も …… 72

3章 投資の前にこれだけは
お金の仕組みがわかれば、誰でも資産を増やせる

経済ニュースがざっくりわかれば投資は怖くない …… 74

投資ってそもそも何？
会社や事業に出資すると、出た利益から見返りがもらえる …… 76

投資方法を選ぶ①
リスクはどこまで許せる？　増やす・守る・備える、どれを優先する？ …… 78

投資方法を選ぶ②
さまざまな投資の選択肢を知り、自分に合うものを選ぶ …… 80

投資の基礎知識①
利率、利回り。「利益の割合」を理解する …… 84

投資の基礎知識②
投資で出た利益からは税金や手数料が差し引かれる …… 86

投資の三大原則
リスクを最小限にする投資の三大原則「分散」「長期」「積立」 …… 88

賢いマネー管理
手軽にチャレンジできる　ポイント投資から始めてみよう …… 92

知らないと損することも　社会経済のおさらい …… 94

4章 投資の一歩をふみ出す
NISA・iDeCoだけで、資産3,000万円を目指す！

NISA・iDeCoだけで3,000万円を目指す！ …… 100

NISAとiDeCoの違い
近い将来お金を引き出す予定ならNISA。老後資金にするならiDeCo …… 102

NISAとは
運用で得られた利益が非課税になる制度。新制度になってよりパワーアップ …… 104

NISA初心者向け①
長期的に安定した投資ができる、つみたて投資枠から始めてみる …… 106

NISA初心者向け②
生涯非課税枠をフル活用して人生100年時代に備える …… 108

NISAを始める前に
元本割れのリスクがあるほか、NISAは損益通算ができない …… 110

始めてみよう
いまからでも遅くない
NISA口座開設から初めての投資まで …… 112

NISA対象商品の選び方
初心者はインデックスファンド一択！ バランスファンドも人気 …… 116

NISAに慣れたら①
つみたて投資枠をベースに成長投資枠を併用して資産を増やす …… 118

NISAに慣れたら②
投資の経験を積み勉強をしたうえで成長投資枠を使ってハイリターンを狙う …… 120

iDeCoとは
掛け金が所得控除される。老後の資金づくりに最適 …… 122

いまさら聞けない　年金制度のおさらい …… 124

iDeCoを始める①
長期間付き合うことになる。金融機関は慎重に選ぶ …… 126

始めてみよう

準備は早めに
iDeCo口座開設のための手続きをしよう …… 128

iDeCoを始める②

将来から逆算し、月々の掛け金を決める …… 132

iDeCoを始める③

税制優遇を受けるには、忘れずに毎年控除手続きをする …… 134

iDeCo運用中の調整

年齢や環境の変化とともに運用状況を見直す …… 136

iDeCoの受給方法

一時金、年金、併給。60歳以降、3つの受け取り方がある …… 138

実践ワークシート

人生100年時代に備える
65歳までに資産3,000万円形成しよう …… 140

1章

\\ 現状把握からスタート //

この先の人生に必要なお金を割り出す

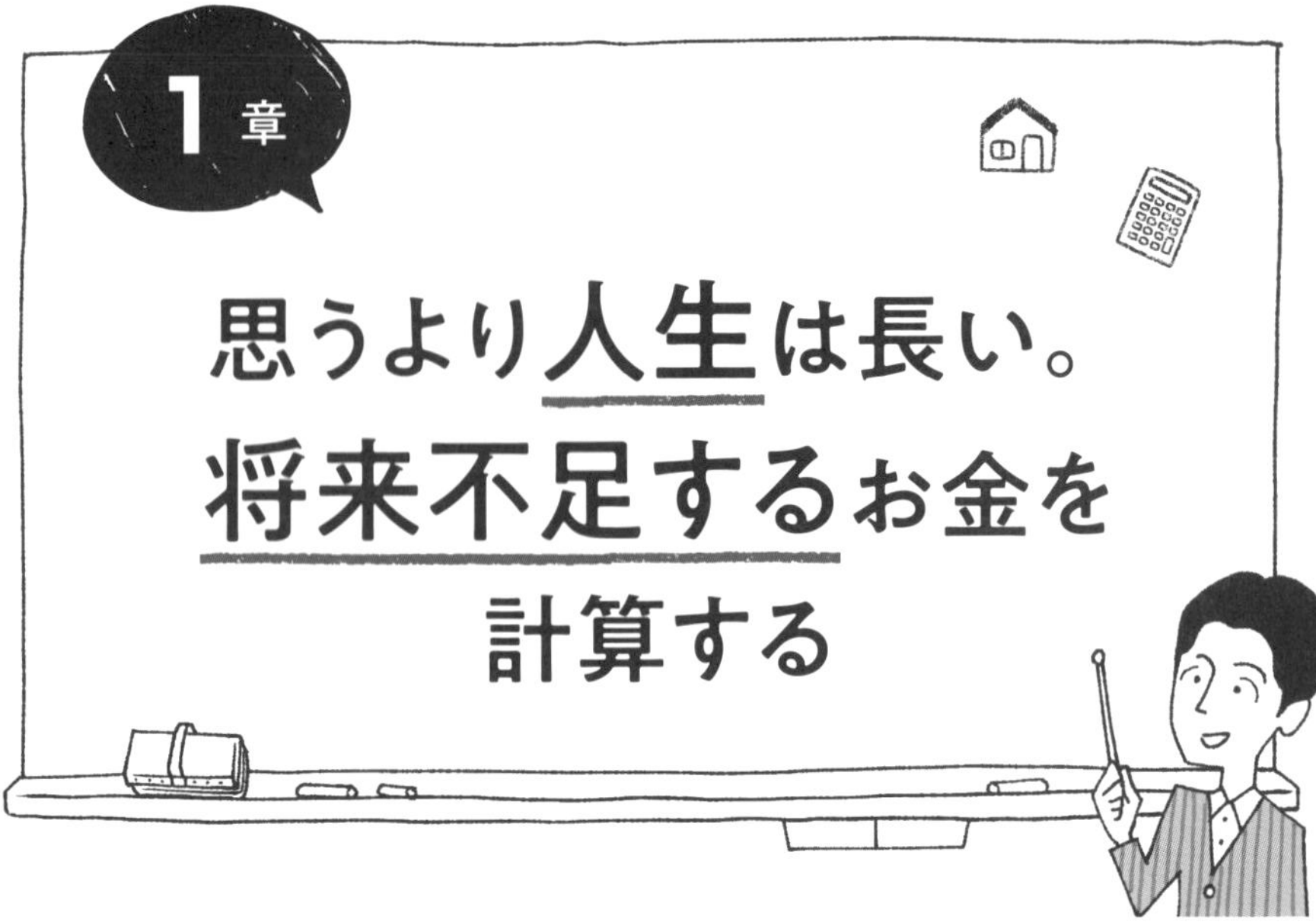

1章

思うより人生は長い。将来不足するお金を計算する

日本は２０２４年まで賃金がなかなか上がらない状況が続きました。そのうえ食料品や生活用品などの値上がりは続いています。人生100年時代とはいわれますが、この状況では将来の生活に不安を感じずにはいられません。「貯蓄をしておけば安心」かもしれませんが、給与がこれまでと同レベルの暮らしを維持するのがやっと、あるいは生活レベルを下げてやっと、という状況では、貯蓄をすることもできません。

年金についても、２０２４年度は物価や賃金の上昇に伴って２・７％引き上げられましたが、物価や賃金の伸び率よりも低いため、実質的には目減りしています。

お金は貯まらない、年金もあてにならない、といういま、頼りになるのが投資です。投資の初歩を学んでお金を増やしていこう、というのが本書の目的です。しかし、闇雲に始めてもうまくはいきません。まずは自分のお金のことをきちんと把握することが第一歩です。

自分はいくら稼げるのか、この先いくら必要になるのか、いくら不足しそうなのか。これらの疑問にすぐに答えられる人は多くはないでしょう。年齢や生き方によっても、今後の人生にかかるお金は異なります。１章では、将来必要なお金について考えていきます。

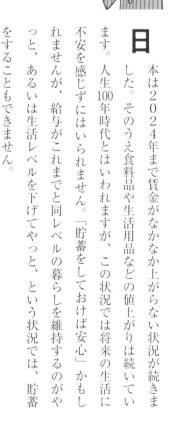

この章でできるようになること

- ☑ これからの人生でどのくらいお金が必要なのか目安がつかめる ⇒ P24 〜 25
- ☑ 自分の現在の稼ぎと、収入アップのヒントがわかる ⇒ P26 〜 31
- ☑ 自分のライフプランと、今後必要なお金をつくる計画を立てられる ⇒ P32 〜 37

就職して3年目、一人暮らしで貯蓄はほとんどありません。いずれは結婚して子どもも欲しいですが、将来が不安です。

これからの人生で大きなお金が必要となる場面は多々あります。一人暮らしでさほどお金がかからないいまのうちから節約する習慣をつけ、貯蓄をしましょう。

また、負担にならない程度の少額の投資を始めておけば、将来に向けての安心材料になります。

40代の共働き夫婦で、住宅ローンを抱えています。今後は子どもたちの教育費がかかります。この状況でも貯蓄はできますか？

一番お金がかかる世代ですね。節約も大事ですが、まだ40代で働き盛りでもあるので、夫婦の収入を増やす方法を考えてみるのもよいでしょう。貯蓄を少しでも増やす工夫をしてみてください。

夫が定年退職しました。老後は一人2000万円必要といわれていますが、そんなに蓄えがありません。

「老後２０００万円問題」は２０１９年に金融庁がまとめた金融審議会市場ワーキング・グループの報告書によるもので、あくまで一例です。自分たちは老後に向けていくら必要なのか、これからどのくらい貯蓄を増やせるのか、まずはしっかり計算していきましょう。

住居、教育、老後、ライフイベントに出費はつきもの。いまから備えておかないと危険

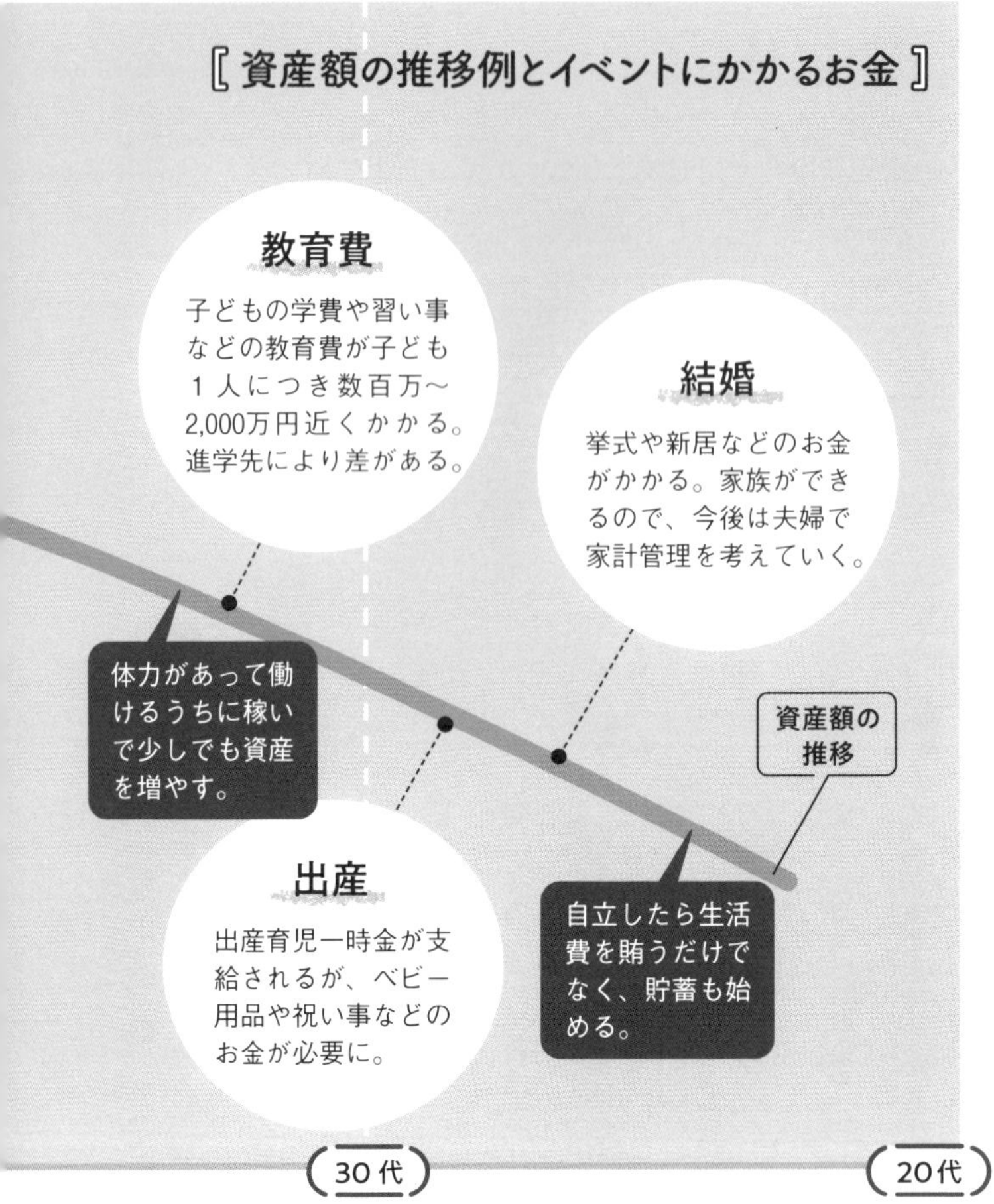

〚資産額の推移例とイベントにかかるお金〛
教育費
子どもの学費や習い事などの教育費が子ども1人につき数百万〜2,000万円近くかかる。進学先により差がある。
結婚
挙式や新居などのお金がかかる。家族ができるので、今後は夫婦で家計管理を考えていく。
体力があって働けるうちに稼いで少しでも資産を増やす。
資産額の推移
出産
出産育児一時金が支給されるが、ベビー用品や祝い事などのお金が必要に。
自立したら生活費を賄うだけでなく、貯蓄も始める。
30代
20代

一人暮らしを始める、結婚する、家を買う、子どもが生まれるなど、人生の一大イベントをライフイベントといいます。これらは人生の転機であるだけでなく、お金がかかるタイミングでもあります。

上の図は、ライフイベントと必要なお金との関係を示したものです。もちろん、各イベントに対するお金のかけかたには個人差があります。ただ、まとまった金額が必要になることは確かです。

その時になって「お金が足りない」と焦ったり、「もう少しお金が

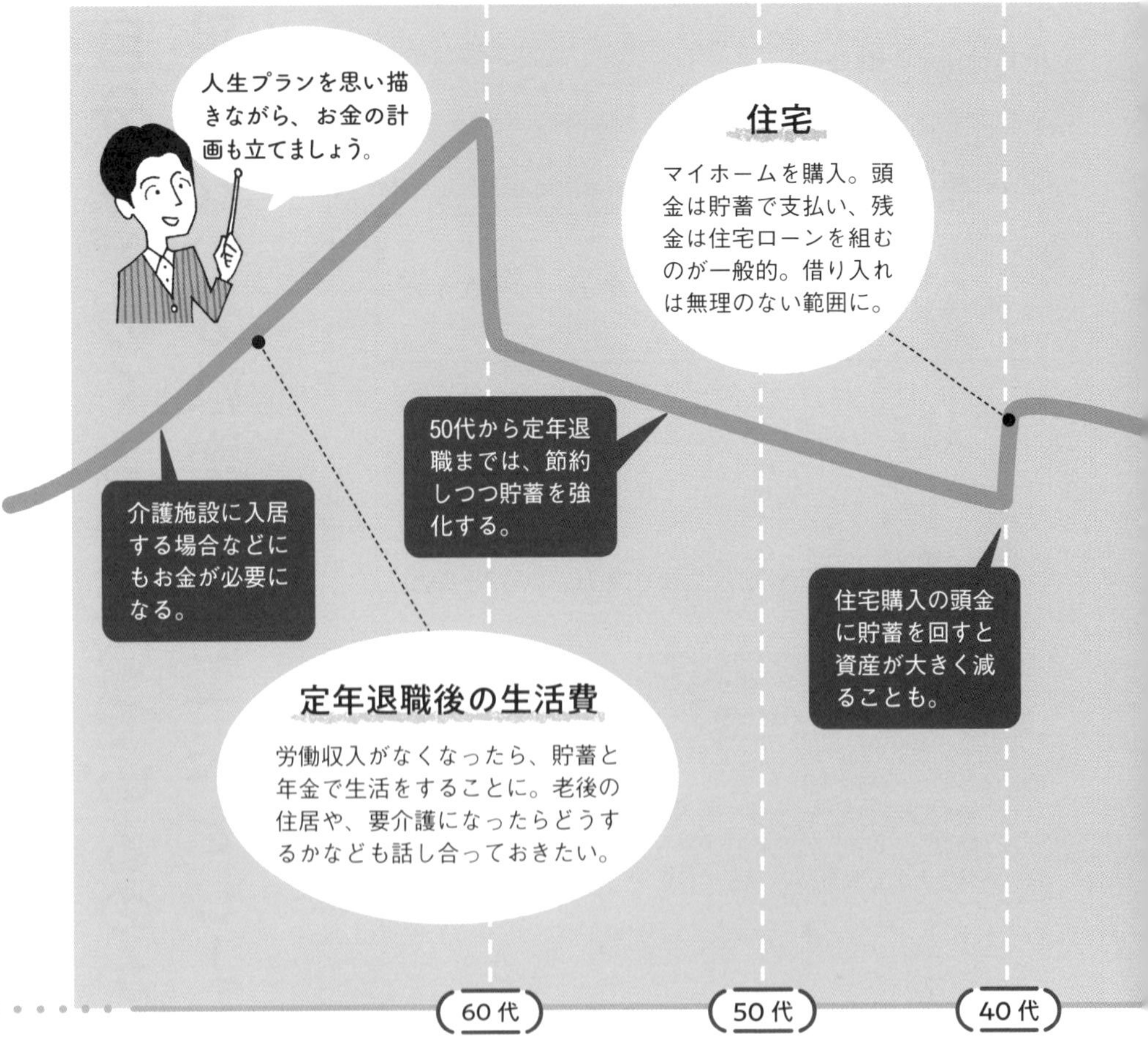
人生プランを思い描きながら、お金の計画も立てましょう。
住宅
マイホームを購入。頭金は貯蓄で支払い、残金は住宅ローンを組むのが一般的。借り入れは無理のない範囲に。
50代から定年退職までは、節約しつつ貯蓄を強化する。
介護施設に入居する場合などにもお金が必要になる。
住宅購入の頭金に貯蓄を回すと資産が大きく減ることも。
定年退職後の生活費
労働収入がなくなったら、貯蓄と年金で生活をすることに。老後の住居や、要介護になったらどうするかなども話し合っておきたい。
60代
50代
40代

あれば……」と後悔したりしないためにも、自分のこの先の人生でどのくらいのお金が必要になるのかを把握しておくことが大事です。

さて、実践！

人生の3大支出、いくらかかった？ いくら必要？

1 住居費
______年後
現状：年__________円
将来：年__________円くらい

2 教育費
______年後
現状：年__________円
将来：年__________円くらい

3 老後の生活費
______年後
将来：年__________円くらい

自分はどのくらい稼いでいるのか、稼げるのか。足りない分は増やす工夫をしよう

〖日本の平均年収〗

	平均年収	うち 正社員のみ	うち 正社員以外
2022年 **（令和４年）**	**457.6万**	**523.3万**	**200.5万**
2021年 （令和３年）	445.7万	515.7万	195.0万
2020年 （令和２年）	435.1万	501.9万	175.8万

出典：国税庁「令和４年分民間給与実態統計調査」より作成

過去３年間の日本の一人あたりの平均年収は、わずかに増加している。ただ、正社員と非正社員の差は大きい。

物価も値上がりしているので、生活が楽になったとはいえませんね。

資産形成を始めるにあたってまず目を向けたいのが、自身の収入です。資産形成というと、投資で儲ける、というイメージをもっている人も少なくありません。でも、それはあくまでも資産を増やす一つの方法であり、資産のベースとなるのは自分の稼ぎの中から貯めていく貯蓄です。

職業やライフスタイルによって収入も生活費も大きな幅があります。目安として「日本の平均年収」や「年齢階層別の平均給与」と自身の収入とを比べてみましょう。

平均より多いのか少ないのか、現

［年齢階層別の平均給与］

年間を通じて勤務した給与所得者の一人あたりの平均給与を年齢階層別に示したグラフ。男性は年齢が上がるにつれて給与も高くなり、最高額は55〜59歳の702万円。一方、女性は年齢が上がっても給与は上がらず、ほぼ横ばい。

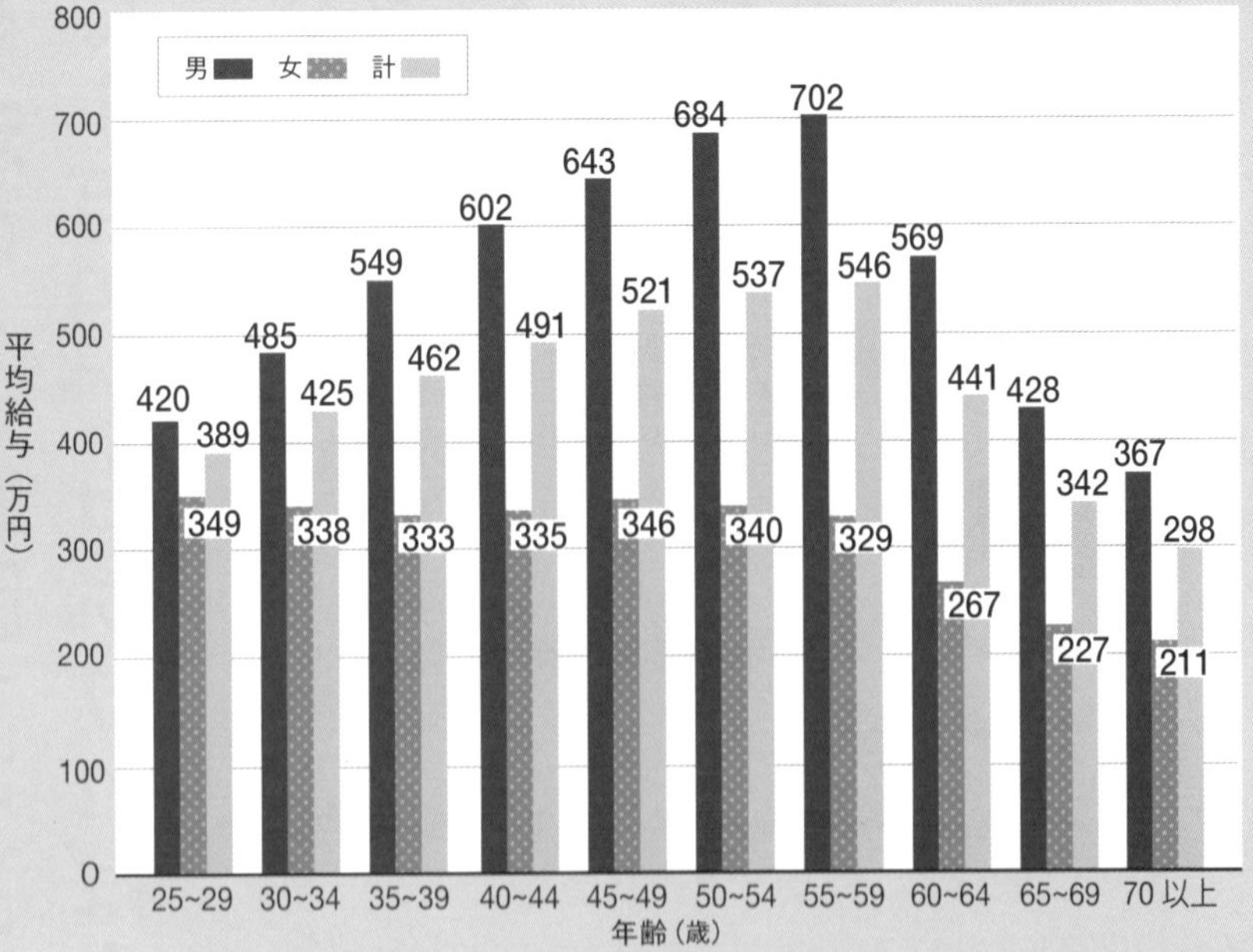

出典：国税庁「令和４年分民間給与実態統計調査」より作成

在の年収を維持できそうなのか、あるいは年収の変動が大きいのか、そういったことをあらためて考えてみると、自分の稼ぎに関する現状と未来が見えてきます。

一般的なライフスタイルを送るにあたり収入が不足しているなら、増やす方法を考えなければなりません。

さて、実践！

過去３年間の自分の年収を正確に把握しよう

20＿＿＿年　＿＿＿＿＿＿万円

20＿＿＿年　＿＿＿＿＿＿万円

20＿＿＿年　＿＿＿＿＿＿万円

自分の過去３年間の年収を書き出し、日本の平均年収と比べてみましょう。

副業を無理のない範囲でコツコツと。1か月に1万円でも続ければ大きな金額に！

収入を増やす方法の一つに、副業があります。ただし、「副業で大金を稼ぐ」といった謳い文句のものには手を出さないように注意。正当な手段で簡単に儲かる副業なんてありません。

しかし、副業はコツコツ続けると、手堅い収入になります。仮に副業で月に1万円だけ稼いだとしても、年間12万円は確実に収入が増えるのです。それを全部貯蓄に回すこともできます。

副業には、お金以外のメリットもあります。例えば、自分の得意なこ

〚得意なことを副業に〛

オンラインでできる!

- ◆オンライン家庭教師
- ◆オンライン英会話講師
- ◆動画編集
- ◆WEBデザイン
- ◆ライター
- ◆イラストレーター　など

最近はオンラインでできる仕事が増加中。本業のない夜間や休日に、在宅で副業も可能。

趣味を兼ねて楽しく!

- ◆ハンドメイド雑貨の販売
- ◆ネイリスト
- ◆副業ミュージシャン　など

手づくりアクセサリーをネット販売する、など趣味をいかせば、楽しみながら稼げる。

とを副業にしてスキルを磨き将来の転職につなげる、といったことも可能です。

気をつけたいのは、副業に精を出し過ぎて本業に支障が出たり、過労で体調を崩したりしてしまうことです。副業をするなら、無理のない範囲で取り組んでください。

〚副業Q&A〛

Q 会社員だけど副業していいの？

A 基本的にはOKだが禁止のところも

かつては会社員の副業は原則禁止されていたが、2018年以降は公務員以外は副業が認められている。ただし、会社が許可している場合に限られる。就業規則を確認しよう。

Q 副業で得た収入にも税金はかかる？

A 年間20万円を超えたら確定申告を

副業の収入を給与としてもらっている場合は年間20万円を超えたら、出来高制の場合は経費を引いた所得が年間20万円を超えたら、確定申告が必要になる。

Q 会社に報告するべき？

A 勤務先に届け出が必要

勤務先の就業規則で副業が認められていたとしても、通常は副業の届け出が必要。申請をして、勤務先の審査や許可を得てから副業を開始するようにしよう。

Q すぐに確実に収入を得られる副業は？

A アルバイトもおすすめ

趣味・特技をいかした副業は収入が不安定な面も。すぐに稼ぎたい人には、日当や時給のアルバイトがおすすめ。短時間でシフト制のアルバイトなら、手軽に負担も少なく始められる。

さて、実践！

副業にできそうなことを探してみよう！

Q 得意なことは何？

____

Q 資格やスキル（技能）はある？

____

Q 習得したいことは？

____

働き方の見直し、資格取得、転職など本業の収入を増やす手段を考えてみよう

副業はせず本業で収入を増やせれば、それが一番です。

例えば、パート務めの人なら、1日の労働時間を1時間増やしたり、同じ労働時間でも夜間や早朝などの時給が高い時間帯に働くようにすれば、いまより稼ぐことができます。

会社勤めの人なら、業務や職務にいかせる資格を取得すると、資格手当をもらえることがあります。資格手当がない会社でも、責任あるポジションを任されるなどして、昇給、昇進する可能性が高くなります。

現在の労働環境では収入アップが

〚人気の高い通信講座は？〛

ユーキャンサイト
人気講座年間ランキング TOP10

1. ファイナンシャルプランナー（FP）
2. 医療事務
3. 調剤薬局事務
4. 子ども発達障がい支援アドバイザー
5. 宅地建物取引士（宅建士）
6. マイクロソフト オフィス スペシャリスト（MOS）
7. 簿記3級
8. 登録販売者
9. 心理カウンセリング
10. 食生活アドバイザー®

内容やシステムなど自分に合う通信講座を探して受けてみるのもおすすめ。

貯蓄や資産運用などの幅広い知識が身につくファイナンシャルプランナー（FP）が1位に。17年連続1位だった医療事務が2位へ。3位の調剤薬局事務も長年の人気講座。

〖国が行っているキャリアアップ・リスキリング支援〗

政府が行っているキャリアアップやリスキリング支援事業の一例を紹介。

キャリアコンサルティング

▶対象：在職者

▶管轄：厚生労働省

キャリアコンサルタントの国家資格をもつ専門家に相談ができる。自身の能力や関心事などを書いた「ジョブ・カード」に基づいて、キャリア形成や職業能力の獲得などについて助言を受けられる。

教育訓練給付制度

▶対象：在職者、離職者

▶管轄：厚生労働省

転職やスキルアップのために、資格取得の講座や大学・大学院などを受講・修了した場合に費用の一部が支給される。一般教育訓練、特定一般教育訓練、専門実践教育訓練がある。支給金額は異なる。

リスキリングを通じたキャリアアップ支援事業

▶対象：在職者

▶管轄：経済産業省

仕事について民間の専門家に相談できる「キャリア相談対応」、それを踏まえたリスキリング講座を受講できる「リスキリング提供」や「転職支援」を行う。相談無料で講座には助成金がある。

マナパス

▶対象：社会人

▶管轄：文部科学省

社会人のリスキリングを支援するポータルサイト。学びたい分野、取得したい資格、学ぶ場所などの条件で、大学や専門学校などの講座を検索できる。在学生・修了生インタビューなどの読みものも。

プラスα

ハローワークに学び直し窓口開設

これまで離職者向けの職業紹介を役割の軸としていたハローワークが、2024年度から支援対象を在職者にもひろげました。転職希望者や副業をする人の増加を受けての取り組みです。全国のハローワークに窓口を設置し無料でキャリア相談に乗り、希望する職業訓練につなげてくれます。

見込めそうになければ、思い切って転職するという手もあります。いまの仕事を続けながら通信講座などで学んだり、政府が行っているリスキリング（業務に必要な知識や技術を新たに学んだり、学び直したりすること）の制度を利用するのもよいでしょう。

この先の人生、いつ、何に、どのくらいお金が必要になるのか見通しを立てておく

〚結婚にかかるお金〛

▶挙式、披露宴、パーティーの平均総額

327.1万円

▶ご祝儀平均総額

197.8万円

ご祝儀で、式などにかかった費用の半分程度はまかなえる。また、身内からの援助金で、自己負担金と同程度をまかなっている。

▶挙式、披露宴、パーティーの平均自己負担額（カップル単位）

153.7万円

▶親や親族からの援助のうち、式などに使った平均金額

163.7万円

結婚助成金をもらえることも

正式名称は「結婚新生活支援事業費補助金」など。新居を構える自治体が実施しているかどうかを調べてみよう。

出典：「ゼクシィ結婚トレンド調査2023」（リクルート）より抜粋

人生の大イベントや節目には出費がつきものと先に述べましたが、ここでより詳しく見ていきましょう。

まずは結婚。『ゼクシィ結婚トレンド調査２０２３』によれば、挙式、披露宴、パーティーの平均自己負担額は153・7万円となっています。さらに、結納、結婚指輪、新婚旅行などの費用がかかります。

次に、住宅です。首都圏か地方か、賃貸か購入か、戸建てか集合住宅かによって金額は大きく異なります。購入の場合、一生に一度の大きな買い物になります。大半の人が住宅ロ

〚住宅にかかるお金〛

マイホーム VS 賃貸

マイホーム

首都圏における物件平均価格

	新築戸建	中古マンション
東京23区	6,767万円	5,099万円
東京都下	4,692万円	3,247万円
神奈川県（横浜市・川崎市）	5,210万円	3,365万円
埼玉県（さいたま市）	4,324万円	3,443万円

首都圏の新築戸建の平均価格は4,512万円、中古マンション１戸あたりの平均価格は3,867万円。

出典：首都圏における「新築戸建」の価格動向、「中古マンション」の価格動向、（共に2024年1月）／アットホーム調べ

メリット 住宅ローン完済後は、自分の資産となり住居費負担が減り、生活が楽に。

デメリット 一般的に長期の住宅ローンを抱えることになる。固定資産税や修繕費がかかる。

賃貸

首都圏における賃貸マンション平均家賃

	30～50㎡	50～70㎡
東京23区	14万5,334円	22万2,416円
東京都下	8万8,891円	12万588円
神奈川県	9万6,562円	12万1,793円
埼玉県	8万3,280円	10万6,490円

30～50㎡以下を「カップル向き」、50～70㎡以下を「ファミリー向き」とする面積別の平均家賃。

出典：全国主要都市の「賃貸マンション・アパート」募集家賃動向（2024年1月）／アットホーム調べ

メリット 通勤時間や周囲の環境、家族の状況に応じて、最適な場所に住み替えできる。

デメリット 老後、家賃が負担になったり、高齢になると新しく契約することが難しい。

プラスα

自動車はいる？ いらない？ いくらかかる？

山間部や公共交通機関の少ない地域に住んでいる人にとって、自動車は必需品です。一方、首都圏に住んでいる人にとっては、自動車はなくてもさほど困りません。自動車をもつとなると、新車の場合は100万～数百万円の購入費、駐車場代やガソリン代、車検代、自動車税などもかかります。それを考えると、自動車を使う機会が少ないのであれば、カーシェアリングにしたり、旅行に行くなど必要なときだけレンタカーを利用したりするという手もあります。

ーンを組みます。長期にわたり、毎月支払い続けることになるので、支払っていけるかどうかよく考えることが大事です。

〚子どもの教育にかかるお金〛

▶ 幼稚園~高校３年生までの15年間の学習費総額

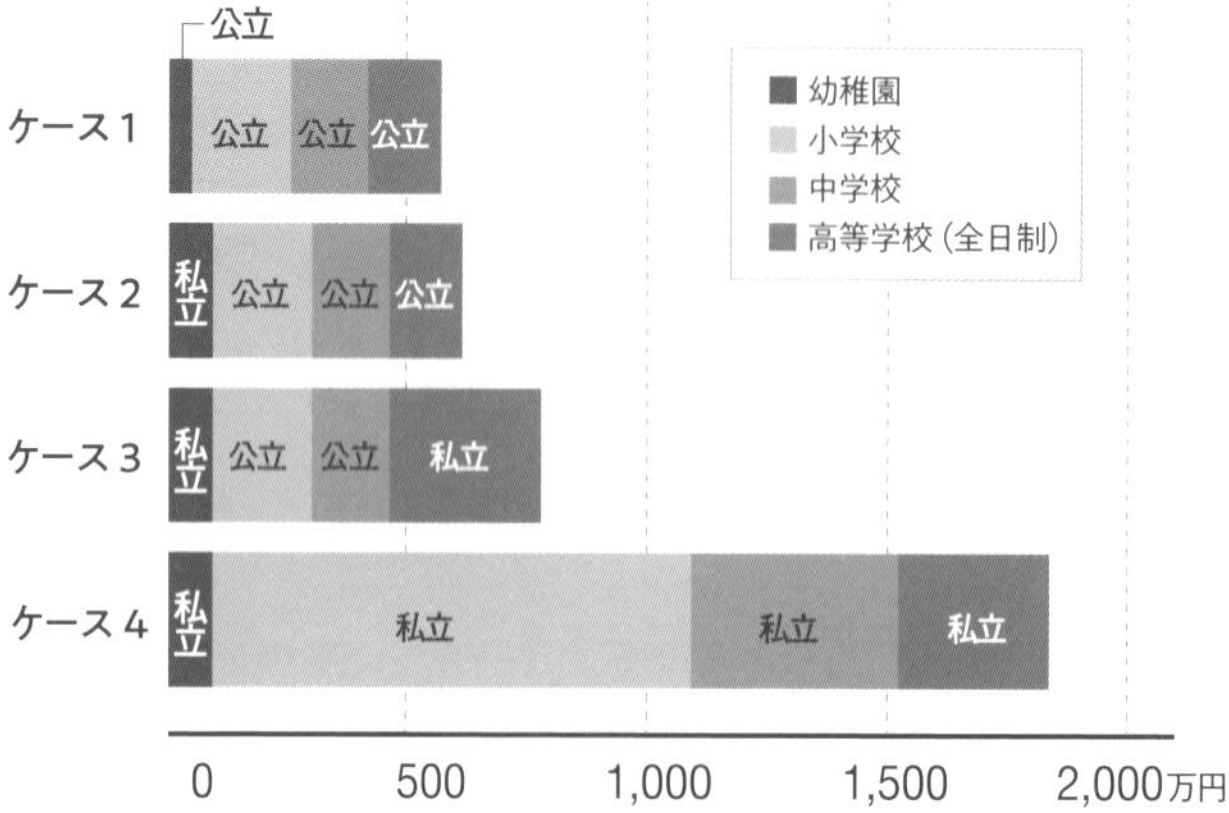

出典：令和３年度子供の学習費調査（文部科学省）より

公立か私立で差が大きい。（　）内は万円。ケース１は、公(47)、公(211)、公(162)、公(154)で計574万円。ケース２は、私(92)、公(211)、公(162)、公(154)で計620万円。ケース３は、私(92)、公(211)、公(162)、私(316)で計781万円、ケース４は、私(92)、私(1,000)、私(430)、私(316)で計1,838万円。

▶ 大学の費用

入学費用（学校納入金、受験費用、入学しなかった学校への納入金）…81.1万円

１年間の在学費用…149.9万円×□年

出典：令和３年度「教育費負担の実態調査結果」（日本政策金融公庫）より

子ども１人あたりの大学入学費用は平均81.1万円。私立理系で88.8万円、私立文系で81.8万円、国公立で67.2万円。また、１年間の平均在学費用は149.9万円で、理系か文系か、国公立か私立かで金額に差がある。

子どもをもつと、養育費（衣食や医療にかかるお金）と教育費（学費など）がかかります。

養育費に比べて差が出やすいのが教育費。上記のグラフからもわかるように、教育費は子どもが通う学校が国公立か私立かによって大きく異なります。幼稚園から大学まで公立だった場合と、私立だった場合を比較すると、３倍近く学費の差が生まれます。

また、学費のほかに習い事や部活動の費用などもかかります。どこまで教育費にお金をかけるのかは保護者の考えにもよります。

子どもに関するお金をやりくりしながらも、自分の老後に備えておかなければなりません。

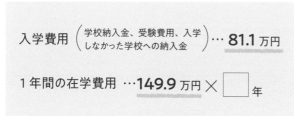

〚老後の毎月の家計〛

		65歳以上・夫婦のみ無職世帯	65歳以上・単身無職世帯
収入（公的年金など）		24万4,580円	12万6,905円
消費支出	食費	7万2,930円	4万103円
	住居	1万6,827円	1万2,564円
	光熱・水道	2万2,422円	1万4,436円
	家具・家事用品	1万477円	5,923円
	被服および履物	5,159円	3,241円
	保健医療	1万6,879円	7,981円
	交通・通信	3万729円	1万5,086円
	教育	5円	0円
	教養娯楽	2万4,690円	1万5,277円
	その他の消費支出	5万839円	3万821円
非消費支出（税金や保険料）		3万1,538円	1万2,243円
収支		3万7,916円不足	3万768円不足

収入の約９割は社会保障給付金（年金など）。残りの１割は事業や内職、仕送りなど。

消費支出の合計は夫婦のみ世帯が250,959円、単身世帯が145,430円。消費支出と非消費支出を足した「支出」が「収入」を上回っているため、毎月３～４万円が不足している。
※小数点単位以下を四捨五入しているため、内訳を足しても合計とは一致しない。

出典：令和５年 家計調査報告［家計収支編］（総務省）からの引用

65歳以上の世帯の家計を調査した結果によると（上の表参照）、老後は年金などの収入だけでは足りないことがわかっています。

どのような老後を送りたいのか、それにはいくら必要なのか、を考えながら、少しずつでも貯蓄をしておきましょう。

プラスα

年金はいくらもらえる？

日本に住む20歳以上60歳未満の人は全員「国民年金」に加入しますが、会社員や公務員は「厚生年金」にも加入します。この２つを公的年金といい、支払われる金額は物価などを考慮して改訂されています。自分の将来の年金支給額の予想は、「ねんきんネット」や誕生月に郵送される「ねんきん定期便」で確認できます。

実践
ワークシート

＼\ これからどう生きる？ どう貯める？ //

人生の計画＆お金の計画を立ててみよう

1章では、個人の収入やライフイベントにかかるお金について見てきました。紹介した金額はあくまでも全国平均なので、実際には個人差が大きいものです。収入の形態や年収も異なれば、何にお金をかけたいのかも人それぞれ異なります。

そこで大切になるのが、自分の手取り収入を把握し、自分自身がどのような人生を送りたいのか、年単位で計画を立てることです。それに沿って、いつ頃までにいくら必要なのか、年収からいくらずつ貯蓄をすればよいのか、書き出していきます。無理な計画なら、軌道修正が必要です。自分が思い描く人生を叶えるために、早めにお金の計画を立てておきましょう。

▶ 現在の収支

自分	年収	万円	－ 税金合計	万円	＝	手取り収入	A 万円
			所得税や住民税、保険料などを引く。				
配偶者	年収	万円	－ 税金合計	万円	＝	手取り収入	B 万円

★世帯もちならA＋B＝C

AまたはC		年間支出		貯蓄可能額			
万円	－	万円	＝	万円	支出分を引いて余った額を貯蓄。	世帯収入	C 万円

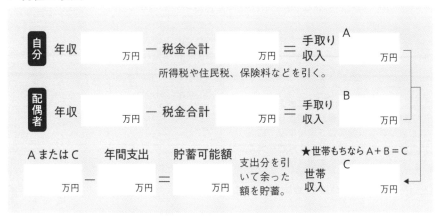

自分の目標・予定を書き出してみよう

目標や計画に沿って年単位で予定を立て、ライフイベントの予算を書きます。定期的に見直し、その時々の状況に応じて書き直しましょう。

記入例

年	家族の年齢				ライフイベント	予算
	自分	妻	長女	次女		
2025	38	36	7	3	長女：小学校入学、 次女：七五三	入学10万、 七五三12万

年	家族の年齢				ライフイベント	予算
	自分					

落とし穴を回避

介護、空き家相続

親に関する大きな出費に注意

貯蓄の計画を立てていても予定外の出費となりやすいのが、親に関する問題です。

親の介護が必要となった場合、介護費用は親本人や夫婦の年金と貯蓄から捻出してもらうのが基本です。とはいえ、親に貯蓄がなく、子どもが支払っているケースもあります。

子ども側に経済的な余裕があればよいのですが、無理をしていると共倒れになります。介護費用に関して心配事があれば、地域包括支援センターやケアマネジャーに相談してみましょう。

また、親が亡くなり、空き家となった実家を受け継いだ場合は、毎年、固定資産税を支払うことになります。このほかに水道光熱費や火災保険料などもかかります。さらに、建物が老朽化すると近隣に迷惑がかかることも。維持するには修繕費や庭の草刈りなどの管理費もかかります。万一、空き家の屋根が壊れて隣人にケガを負わせた、などのトラブルが発生した場合、損害賠償を請求されることもあります。

空き家をどうするのか、家族間で早めに話し合いをしておきましょう。

2章

投資資金を捻出する

月の投資金額を先に確保し、その中でやりくりする

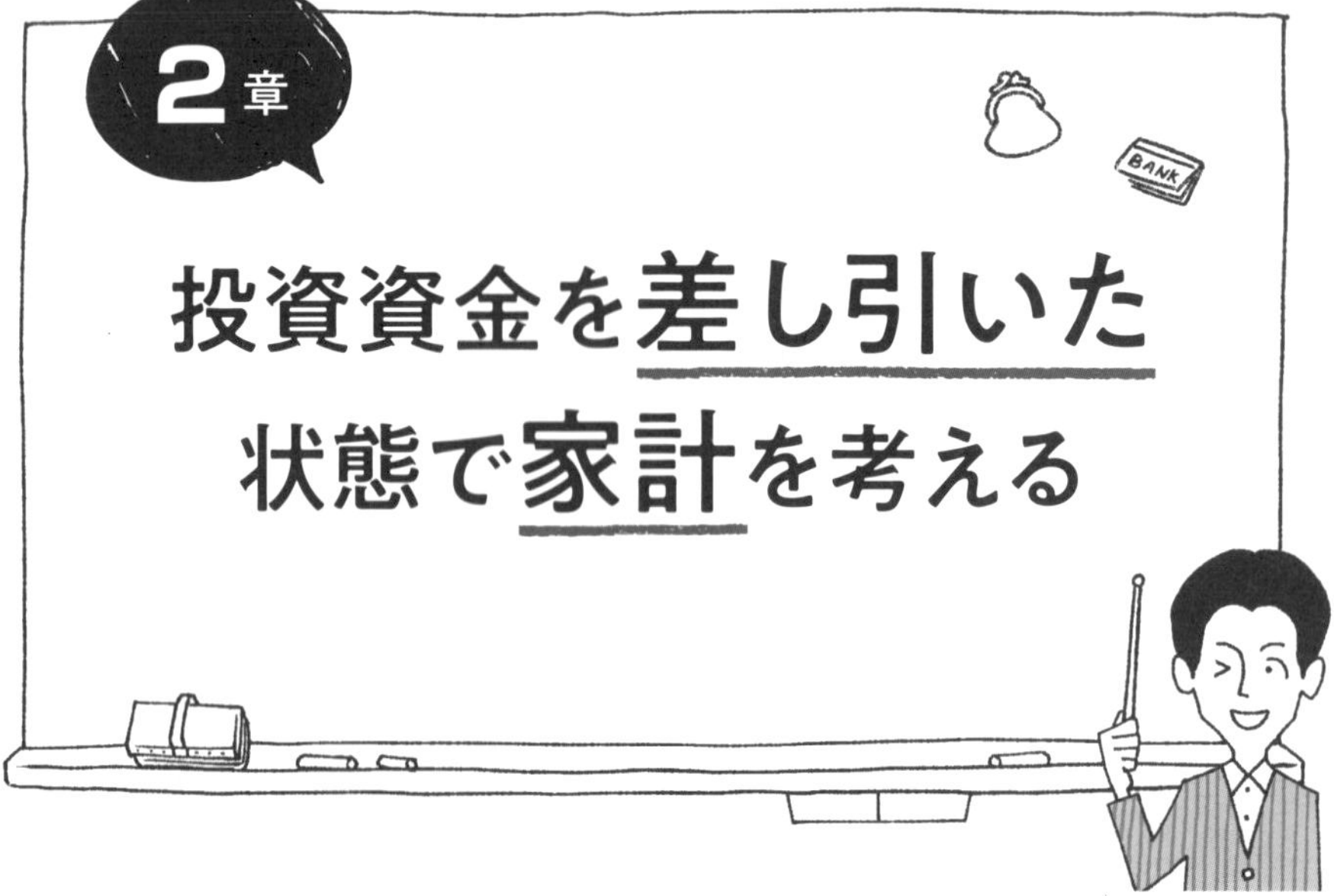

2章

投資資金を差し引いた状態で家計を考える

この先の人生を経済的に安心して暮らすには、それなりの貯蓄が必要です。しかし、よほどの高額所得者でもない限り、生活費や子どもの教育費などを引いていくと貯蓄できる金額は限られてきます。いくら頑張って貯蓄をしても、豊かな老後を送るだけの資金を確保することはなかなか難しいといえます。

そこで、貯蓄をしつつ投資を始めることをおすすめしていますが、何の知識もないままに投資を始めるのは危険です。せっかく貯めたお金を投資で使い果たしてしまったり、生活費まで投資に回して、必要なときすぐにお金をおろせないケースも見聞きします。投資に注ぎ込みすぎて家計が苦しくなっては、元も子もありません。

堅実に投資を行うには、家計とは切り離して考えることです。月月の生活費の中から余った分を投資資金に回す、というのではなく、最初から投資資金を引いた分を今月の生活費とするのです。

2章では、毎月どのくらいの金額を投資に回せるのかを考えていきます。投資資金を少しでも増やすために、自分の収入や支出の内訳を把握して、家計の見直しをしていきましょう。また、お金を貯めるときは一般的に銀行に預けますが、銀行の使い分けや銀行預金の種類についても見ていきます。

この章でできるようになること

- ☑ 投資にいくら回せるかの目安がわかる ⇒P42～43
- ☑ 無意識に使っている支出を把握することができる ⇒P46～53
- ☑ 銀行の活用法がわかる ⇒P58～69

20代
Aさん

投資を始めてみたいけれど、そもそも貯蓄もなく、余裕がありません。どうしたら貯められるようになりますか？

なぜ貯蓄できないのか、お金に対する意識やお金の使い方を見直してみましょう。そして、毎月5000円～1万円でもよいので貯める癖をつけてみてください。強制的に貯めたいなら、給与天引きの積立定期預金などもおすすめ。貯蓄を優先しながら、少ない金額で投資をするのもよいでしょう。

40代
B子さん

4人家族の家計をうまくやりくりするにはどうしたらよいのでしょうか？ 何かとお金がかかり、毎月、予算オーバーしています。

ノートでもアプリでもよいので、家計簿をつけてみましょう。食費にいくら、光熱費にいくら、など支出の内訳を見えるようにすると、使い過ぎの費目がわかってきます。

50代
Cさん

昨年下の子が大学を卒業し、いよいよ夫婦だけの家計となりました。老後に向けて、少しでも節約をしたいのですが……。

教育費や養育費がかからなくなるので、給与の収入があるうちは少し余裕ができるはず。その間に多めに貯蓄をしておきましょう。また、使っていない年会費のかかるクレジットカードやサブスクなどはありませんか？ 無駄な支出がないか見直してみましょう。

給与明細と源泉徴収票を確認して収入や税金の額を把握する

〖給与明細の見方〗

勤怠、支給、控除の欄に分かれている。記載に間違いがないか確認を。

手取り金額

実際に受け取る金額のこと。

	部門名	営業	社員番号	123	氏名	○○○○殿	
❶ 勤怠	労働日数	出勤日数	有給休暇日数	慶弔休暇日数		差引支給額	
	21	21					
	欠勤日数	遅刻回数	早退回数	残業時間		210,592	
❷ 支給	基本給	役職手当	資格手当	家族手当	時間外手当	通勤手当	
	185,000				68,000	11,600	
						不就労控除	総支給額
							264,600
❸ 控除	健康保険	介護保険	厚生年金	雇用保険	社会保険料合計		
	12,460		25,620	1,588	39,668		
	所得税	住民税				控除合計額	
	5,240	9,100				54,008	

❶ 勤怠　給与計算期間（月給なら1か月間）の出勤日数や欠勤日数、残業時間などの勤務状況が記されている。

❷ 支給　基本給や時間外手当（残業代）、その他の手当など、支払われる給与の内訳が記されている。

❸ 控除　社会保険料や税金など給与から差し引かれるお金の内訳が記されている。

毎月いくら投資に回せるか、を考えるとき、「手取りが25万円だから5万円にしよう」などと思いつきで決めてしまうと、生活費が足りなくなり挫折することになります。貯蓄も投資もコツコツ続けることが大事です。無理なく続けられる範囲で投資額を考えたいものです。

その際に確認しておきたいのが、給与明細と源泉徴収票です。「手取り25万円」といっても、実際にはいくらもらっていて、いくら引かれて25万円になっているのかを把握していない人がいます。独身か既婚か子

源泉徴収票の見方

年に1回発行される。
1年間の年収、所得、納税額がわかる。

年収
支払金額とは、給与や賞与の合計額＝税込み年収のこと。

所得
支払金額から給与所得控除を引いた、実際の手取り額。

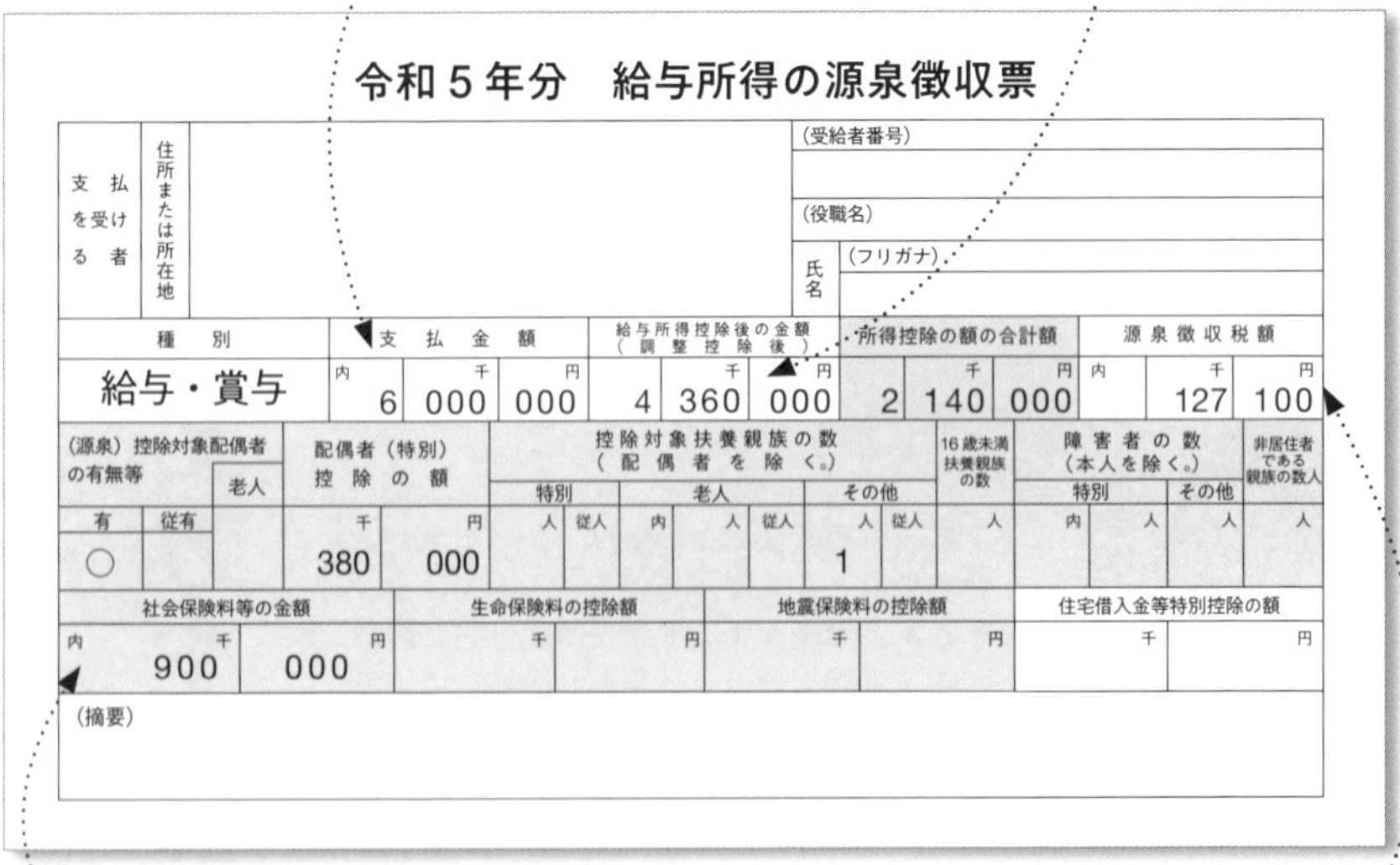
令和5年分　給与所得の源泉徴収票

支払を受ける者	住所または所在地		(受給者番号) (役職名) 氏名 (フリガナ)

種別	支払金額	給与所得控除後の金額（調整控除後）	所得控除の額の合計額	源泉徴収税額
給与・賞与	内 6 000千 000円	4 360千 000円	2 140千 000円	内 127千 100円

(源泉)控除対象配偶者の有無等 有	従有	老人	配偶者(特別)控除の額	控除対象扶養親族の数（配偶者を除く。） 特別 人 従人	老人 内 人 従人	その他 人 従人	16歳未満扶養親族の数 人	障害者の数（本人を除く。） 特別 内 人	その他 人	非居住者である親族の数 人
○			380千 000円			1				

社会保険料等の金額	生命保険料の控除額	地震保険料の控除額	住宅借入金等特別控除の額
内 900千 000円	千 円	千 円	千 円

(摘要)

所得控除
税金の計算対象から差し引かれるもの（社会保険料や生命保険料など）の内訳。

所得税額
給与天引きにより1年間に納めた所得税の合計額。

もちか、などによって手当や納税額は変わってきます。給与が増えても手取りはほとんど変わらない、ということもあります。自分のお金についてきちんと把握したうえで、投資に回す金額を決めましょう。

さて、実践！

昨年の収入と税額を書き出してみよう

自分…… 年収＿＿＿＿＿＿＿＿万円

所得＿＿＿＿＿＿＿＿万円

税額＿＿＿＿＿＿＿＿万円

既婚の人は配偶者のお金も確認し、世帯としての年収と所得、税額も計算してみましょう。

〝貯蓄体質〟になるためには お金に対する考え方や行動の見直しが必要

貯蓄が趣味で貯まっていく通帳を見るのが楽しい、という人がいる一方、貯蓄は苦手で一向に貯まらない、という人がいます。

よく聞くのが、大きな買い物をしているわけではないのにお金が貯まらない、という声です。このような人は、自覚なく細かい出費を重ねているのだと思われます。つまりお金に対してルーズなのです。

自分の金銭感覚をあらため、出費の仕方を見直すことで、自然にお金が貯まる〝貯蓄体質〟に近づくことができます。

〚貯められる人になる 貯蓄体質チェック〛

貯蓄が苦手な人に共通している３つの特徴をチェック！

✓Check1

□ お金が余らないと貯蓄しない

余ることはほぼありません。
先取り貯蓄で強制的に貯めましょう

よほどの高収入でない限り、入ってきたお金をなんとなく使っていると、お金は余りません。お金が入ってきた時点で先に貯蓄に回す金額を分ける「先取り貯蓄」で強制的に貯める方法がよいでしょう。先取りした分は最初からないと思えば、それなりにやりくりできるものです。

自分の手取り年収をすぐにいえる?

いえない人はお金に無頓着なタイプ。まずは自分の年収を認識し、お金への意識を高めることが貯蓄体質への第一歩。

✓Check2

□ お金を何に使ったのか覚えていない

何にいくら使ったのか把握することが貯蓄の第一歩！

貯蓄できない人は、お金をなんとなく使ってしまい、何にいくら使っているのかわかっていないことが多いもの。まずは家計簿をつけてみて、自分の支出の内訳や合計額を把握しましょう。簡単に収支を計算できる家計簿アプリもあります。無駄な支出を把握し、それを貯蓄に回すようにします。

✓Check3

□ 固定費の見直しをしていない

無駄な支出があるかもしれません。固定費は定期的に確認しましょう

水道光熱費、通信費、保険料、サブスク料金、携帯電話の利用料金など、毎月定額あるいはほぼ定額でかかる支出を固定費といいます。これらの中に、いまよりも安く利用できるものや不要なものはありませんか？ 面倒でも固定費を定期的に見直すことが、倹約につながります。

プラスα

お金を貯められる人のマインドとは？

お金をしっかり貯めている人は「ケチ」だと思われがちですが、決してそうではありません。必要なところにはお金をかけますが、無駄なところには１円も使いたくないという強い意志をもった人が多いのです。つまり、１円の価値を知っているからこそ、お金を大切に使うことができ、その結果、お金も貯まるのです。

反対にお金が貯まらない人は、無駄な出費が多く、そもそも意志力が弱い傾向があります。貯められる人を見習い、お金に対する意識改革をしましょう。

平均的な支出バランスを参考に使い過ぎている項目をチェック

費目ごとに無駄遣いをしているものがないか見直しましょう。

見直しアドバイス
特売品などで節約するより外食の頻度や金額を抑えた方が効果的。
手取りの30％を超えると厳しい。賃貸なら転居を検討する。
電気料金プランを見直すことで支出を抑えられることも。
生活消耗品は特売日にまとめ買いをしておくとよい。
服を買うときは予算を決めてから。フリマなどを利用しても。
ジェネリック医薬品を使うと少し支出を抑えられる。
格安スマホへの乗り換えや、プラン変更を検討する。
家庭の教育方針と子どもの資質や希望を考慮して取捨選択をする。
優先順位の高い学びや趣味には予算を決めてお金を使う。

出典：令和5年 家計調査報告［家計収支編］（総務省）からの引用

貯蓄を増やすには、家計を見直して、少しでも支出を抑えることです。レシートやカードの利用明細をもとに、費目ごとに月にいくら使っているのかを書き出してみましょう。光熱・水道費などは季節によって大きく変動します。数か月分の平均を出してチェックするとよいでしょう。

支出バランスは、家族の人数や子どもの年齢、価値観によって異なりますが、目安として、日本の平均的な消費支出（上の表）と自分の支出を比較してみましょう。使い過ぎている費目はありませんか。

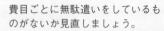

〚平均的な消費支出と自分の支出を比較〛

２人以上の世帯と単身世帯の費目別月平均額。自分の支出を書き出してみましょう。

	2人以上の世帯	単身世帯	自分の支出
食料	86,554円	46,391円	円
住居	18,013円	23,815円	円
光熱・水道	23,855円	13,045円	円
家具・家事用品	12,375円	5,955円	円
被服および履物	9,644円	4,712円	円
保健医療	14,728円	7,426円	円
交通・通信	42,838円	21,796円	円
教育	10,448円	2円	円
教養娯楽	29,765円	19,425円	円
その他の消費支出	45,777円	25,051円	円
消費支出合計	**293,997円**	**167,620円**	円

さて、実践！

使い過ぎの項目はどれ？ 気づきも書いてみよう

・OK！（平均的な消費支出を超えていない項目）

・NG！（平均的な消費支出を超えている項目）

・気づいたこと

支出を〝見える化〟するだけでお金の使い方が変わる

Q　家計簿をつけてみるものの、続いたためしがありません

レシートをためこまずすぐに記録を。まずは1か月を目標にチャレンジ!

三日坊主を防ぐには、当日か翌日に記録する習慣をつけること。１か月続けば達成感が得られ、翌月もつける意欲がわく。

Q　細かいことは苦手。最低限つけるべき項目を教えて!

すべての項目を記録しなくてもOK

右の４項目だけでもOK。必要に応じて、教育費、服飾費、医療費などを追加。細分化し過ぎると手間がかかるので、４～７項目程度にする。

＼ これだけでもOK ／

食費	食事にかかる費用すべて。菓子なども含む。
生活費	石けん、シャンプー、洗剤などの日用品。
固定費	光熱費、水道代、通信費、年金、保険料など。
特別費	予定外のレジャー費、冠婚葬祭費など。

そもそも「お金が何にいくらかかっているのかわからない」という人は、大まかでもいいので、支出を把握するために、家計簿をつけることをおすすめします。

家計簿というと、「いちいち書くのが面倒」という声がよく聞かれますが、ノート式だけでなく、現在はスマホで簡単に入力できる家計簿アプリもあります。パソコン作業が得意な人なら、エクセルなどで自作してもよいでしょう。

家計簿をつけることのメリットは、何にいくら使っているのかを把握で

〘家計簿にまつわるお悩みを解決〙

Q 家計簿アプリ、たくさんありすぎて どれを選べばよいのやら……。

操作のしやすさ、無料か有料か、安全面などを考慮して選ぶ

レシートを撮影すると金額を自動入力してくれるものや、銀行口座やクレジットカードと連携して収支を管理できるものなどさまざまな機能がある。スマホの操作が苦手な人は、シンプルな機能のものを選んだ方が長続きしやすい。

＼ ここをチェック！ ／

- 操作は簡単か、画面は見やすいか、レシートを読み込めるか。
- 無料でどこまで使えるか。有料版の内容と月額利用料は？
- アプリの安全性は高いか？　セキュリティ対策を確認する。

Q 夫婦で別財布です。 どう管理すればいいですか？

管理は個人にゆだねつつ、共通の貯蓄目標をもつ

共有している部分は家計簿などで管理し、別の部分は相手に管理をまかせる。共通の貯蓄目標額があると、ある程度の自由は保ちつつ貯蓄もしやすい。自分たちに最適な管理方法をよく夫婦で話し合うことが大切。

さて、実践！

自分の家計簿を振り返ってみよう

・反省点は？ ➡ ・改善策は？

きる、ということだけではありません。「買ったものを記録する」という意識が働くことで、なんとなくお金を使うということが減り、自然と無駄遣いをしなくなります。お金に対しての意識が高くなることで、〝貯蓄体質〟になれるのです。

お金の出し入れがわかりにくい クレジットカードは使い方に工夫が必要

クレジットカードの請求額を見て驚いた経験はありませんか？　クレジットカードは便利ですが、現金そのもので支払っているわけではないため、お金を使っているという意識が薄れがちです。そのため、意外と浪費をしていて、後々支払いが大変になることも少なくありません。

支出を抑えるには、クレジットカードでの買い物を慎重にするなど、使い方を見直す必要があります。何枚ももっている人は、まずはカードを1～2枚にすることから始めてみましょう。

POINT 1　枚数は１～２枚に厳選！

年会費の無駄遣いを避けるため、使っていないカードは解約する。カードが何枚もあるとお金の管理がしにくい。よく使っているカードやポイント率の高いカードなど、自分の生活に合うものを１～２枚に。

✓ チェックポイント

- 自分の生活圏で使いやすいカードか
- 年会費が負担にならない金額か

POINT 2　手数料のかからない「一括払い」をデフォルトに

買い物は基本的に「一括払い」にして、手数料がかからないようにする。高額の買い物で分割払いにする際も、できるだけ少ない回数にしよう。

！「リボ払い」で支払いが終わらない！

毎月一定額を返済する「リボルビング払い」にすると、新たに買い物をするたびに残高が増え、その残高に対して金利を掛けたものが手数料となる。支払い回数が多いほど総支払額が増えるので注意。

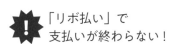

〘使い過ぎを防ぐ！賢いクレジットカードの使い方〙

以下４つのポイントを参考に、使い過ぎを防止！

POINT 3 請求書は必ず確認すること

カード会社から請求書や支払い確定メールなどが届いたら、内容と金額を確認し、使い過ぎていないかをチェックしよう。万一、身に覚えのない請求があれば、不正利用の可能性もあるので、カード会社に連絡を。

✔ チェックポイント

- 予算をオーバーしていないか
- カード利用履歴は合っているか
- 不審な利用はないか

POINT 4 固定費をクレジットカード払いに

光熱費や水道代などの固定費をポイント還元のあるクレジットカード払いにしてポイントを貯める（※クレジットカード払いに対応していない自治体もある）。また、カード払いにすれば、支払い忘れを防ぐことができる。

毎月自動的に
ポイントが貯まるの
でお得です！

さて、実践！

クレカを整理！残すべきカードはどれ？

Q1 いま、もっているカードの枚数は？

＿＿＿＿＿＿＿＿＿＿ 枚

Q2 その中でよく使うカードは？

＿＿＿＿＿＿＿＿＿＿

Q3 Q2のうち、年会費が安いなど使い勝手のよいカードは？

＿＿＿＿＿＿＿＿＿＿

↓

生活スタイルに合わせて1~2枚に！
メインとサブを決めてもよい

キャッシュレス決済は便利だけれど、無意識の使い過ぎに要注意

〖主なキャッシュレス決済3種類〗

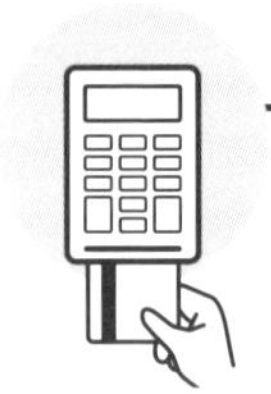

▶カード決済

利用料金を後日まとめて支払うクレジットカードや、銀行口座に紐づけて残高の範囲内で即時払いとなるデビットカードがある。

- クレジットカード
- デビットカード

▶電子マネー決済

電車やバスに乗車でき、買い物の支払いもできる交通系や、流通系企業が発行しているものなどがある。事前チャージ式が多い。

- 交通系
  Ex.) Suica, PASMO など
- 流通系
  Ex.) WAON,nanaco など

▶スマートフォン決済

スマホなどのモバイルデバイスを介する決済で、QRコードを読み込むものや、モバイルウォレットを利用するものなどがある。

- QR コード決済
  Ex.) Suica, PASMO など
- タッチ決済
  Ex.) Apple Pay, Google Pay など

「電通キャッシュレス・プロジェクト」（電通）が全国の20歳〜69歳の1000人を対象に実施した『第6回「生活者のキャッシュレス意識調査」』（調査期間／2023年11月17日〜20日）によると、「キャッシュレス決済利用者は93・5%で、直近1年間でキャッシュレス決済の回数が増えた人は59・5%」という結果が出ています。

69歳以下の成人の9割以上が利用するまでに普及したキャッシュレス決済。その背景には、現金をもたずにカードやスマートフォンで支払い

【キャッシュレス決済で使い過ぎを防ぐポイント】

POINT 1

利用するサービスは２つ程度に絞る

お得なキャンペーンにつられて何種類ものキャッシュレス決済を利用している人も多いが、サービスごとに支払日がまちまちでお金の管理が煩雑になりやすい。利用するものは２つ程度に絞ろう。

POINT 2

オートチャージは１つだけにする

クレジットカードと連携するオートチャージは残高不足を防ぐことができて便利だが、後払いゆえに使い過ぎにもつながりやすい。交通系だけをオートチャージにしてもう１つは事前チャージにするなど、使い分けをしよう。

POINT 3

デビットカードに紐づける

買い物は予算を決めることが大事。ただ、「月に２万円まで」などと決めていても、支払い方法がまちまちだと計算しにくい。メインで使うキャッシュレス決済をデビットカードに紐づけて予算分だけを入金すれば、使い過ぎを防げる。

POINT 4

家計簿アプリと連動させる

食品や日用品など日常の買い物をキャッシュレス決済にして、連携機能のある家計簿アプリを使うと家計管理が楽になる。手入力しなくても自動的に記録される。何にいくら使ったのか確認でき、無駄な出費にも気づきやすい。

ができることと、ポイントが貯まる（P54）ことの2つの理由があると考えられます。ただし、その便利さとお得感ゆえに、つい余計なものを買ってしまうなど浪費につながりやすい傾向があります。使い方には注意が必要です。

さて、実践！

キャッシュレス決済を見直す

・利用しているサービス、したことのあるサービスをすべて書き出そう

⇒残すものを決めて、残りは解約する！

＼＼ポイントを貯めてから使えば節約にも！／／

“ポイ活”でお得に暮らす！

クレジットカードやキャッシュレス決済で支払いをすると、ポイントがつきます。このポイントを貯めて活用する「ポイ活」でも支出を抑えられます。生活に必要なものの支払いをする際に貯めたポイントで物品やサービスを買えば、節約になります。ぜひチャレンジしてみましょう。

ポイントには、その店や企業のみで貯めて使えるポイント（ショップカードのようなもの）もありますが、近年では複数の店やサービスで貯めて使える共通ポイントが主流です。

例えば、携帯電話、コンビニエンスストア、ネットショッピング、飲食店、マッサージなど、そのポイントを導入している店やサービスであれば、業種にかかわらず同じポイントが貯まります。このようなグループを「○○経済圏」と呼んでいます（P56）。

ポイントを貯めるコツは、還元率がアップするキャンペーン期間中に買い物をしたり、ネットショッピングをする際にポイントサイト（サイト内のコンテンツや広告の利用でポイントが獲得できるサービス。代表的なものに、モッピー、ハピタスなどがある）を利用することです。

また、支払い方法をクレジットカードにすると、そのクレジットカードのポイントが貯まります。決済ツールの併用でポイントを二重に貯めることもできます。ゲーム感覚で試してみるのもよいでしょう（詳しくは左ページ）。

〚多重どりで効率的にポイントを貯める〛

1回の支払いで、各種のポイントをそれぞれ獲得することができる。

1回の買い物で、カード／交通系ICのどちらにもポイント加算

カードからチャージ
交通系ICで支払い
お茶を購入

クレジットカードから、交通系ICへ金額をチャージ。カードのポイントが貯まる。

売店で購入したお茶代を、交通系ICで支払い。ICカードのポイントが貯まる。

他にも

Ex. コンビニでの買い物

クレジットカードから、各コンビニで使える流通系電子マネー（P52）へチャージ。支払いを電子マネーで行う。ポイントが2重どりできる。

Ex. 公共料金の支払い

クレジットカードから、スマートフォン決済（P52）にチャージ。支払いをQRコード決済で行う。ポイントが2重どりできる。

決済ツールはむやみに増やさず、管理できる範囲に集約しましょう。

Ex. チェーン店のカフェでの支払い

クレジットカードから、スマートフォン決済にチャージ。そこからさらにカフェ独自のアプリへチャージ。支払いをカフェのアプリで行う。ポイントが3重取りできる。

〚ポイント経済圏を活用すればもっと貯まる!〛

代表的なポイント経済圏である「楽天経済圏」を例に活用方法を紹介（2024年10月現在）。

1 クレジットカードは 楽天カードを利用

楽天カード（楽天カード株式会社が発行するクレジットカード）をつくり、公共料金や月額サービス利用料、日用品の買い物などの支払いに利用することで楽天ポイントが貯まる。

2 通信キャリアは 楽天モバイルに

楽天モバイルでは、月々の支払い100円（税別）につき楽天ポイントが1ポイント貯まる。新規契約時に多くのポイントをもらえるキャンペーンもある。

3 ネットショッピングは 楽天市場で

「SPU（スーパーポイントアッププログラム）」があり、楽天のグループサービス利用の条件を達成すると、その月の楽天市場での買い物がポイントアップする。

つみたてNISAも!

楽天証券では、貯めたポイントでつみたてNISAなどへ投資ができる。ポイントで投資信託や米国株式を購入すると、SPUの対象となる。

ふるさと納税も!

楽天会員であれば、楽天ふるさと納税での寄附申込みも通常の買い物と同様、利用金額に応じてポイントが付与される。

実店舗での買い物も!

飲食店やコンビニ、スーパーなどの加盟店でポイントが貯まる。楽天ペイアプリ（楽天カードをチャージ元とする）の利用でポイントは1.5倍に。

●主なポイント経済圏

楽天経済圏

- 楽天市場の愛用者、 楽天モバイルの利用者におすすめ
- 楽天のサービスを利用すると楽天ポイントが貯まる

楽天のサービス（銀行、カード、市場、モバイル、トラベル、ひかり、証券、ブックスなど）の併用でポイント倍率が大幅にアップする。

V ポイント

New

- T ポイントが V ポイントに統合し、2024 年 4 月にスタート
- 三井住友カードの利用などで V ポイントが貯まる

T ポイントと三井住友カードの V ポイントが統合した新たな経済圏。SBI証券の口座開設や取引でもポイントが貯まる。

PayPay 経済圏

- 携帯キャリアがソフトバンクやワイモバイルの人におすすめ
- PayPay の利用などで PayPay ポイントが貯まる

ソフトバンクグループ。通販は、Yahoo!ショッピングとLOHACOにするとポイントアップ。PayPay証券もある。

イオン経済圏

- イオンと系列店をよく利用する人におすすめ
- イオンカードの利用などで WAON ポイントが貯まる

イオンカードセレクトをイオングループの店舗で利用すると還元率が0.5%アップ。ポイント還元が大きくなる日もある。

ドコモ経済圏

- 携帯キャリアがドコモの人におすすめ
- d カードの利用などで d ポイントが貯まる

ドコモユーザーがお得。スマホ決済の d 払いにすると還元率が0.5%アップ。「d カードポイントモール」もある。

au 経済圏

- 携帯キャリアが au または UQ モバイルの人におすすめ
- au Pay の利用などで Ponta ポイントが貯まる

毎月 5 の付く日と 8 日（Pontaの日）は「たぬきの吉日」として、auユーザーなら、au PAYのポイント還元率がアップ。

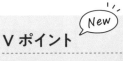

ふだん使い口座と貯める口座を使い分けて効率よくマネー管理をしよう

一つの銀行口座ですべてを管理するのではなく、「ふだん使い口座」と「貯める口座」に分けた方が収支や貯蓄額が明確になります。

例えば、給与の振込先口座を「ふだん使い」にして、公共料金やクレジットカード利用額を引き落とします。そして、貯蓄分を「貯める口座」に移します。

この他に教育資金や老後資金など用途別の口座があるとよいでしょう。

近所に支店やＡＴＭがあるかどうかなど、自分が使いやすいものを選びます。

〚“ふだん使い”と“貯める”口座の使い分け例〛

ケース１

都市銀行　ふだん
＋
ゆうちょ銀行　貯める

Ａさんは勤務先の給与振込先が都市銀行の口座なので、公共料金の引き落とし先などもすべてここにする。もともともっていたゆうちょ銀行の口座を、貯める用にする。

ケース２

都市銀行　ふだん
＋
ネット銀行　貯める
＋
ゆうちょ銀行　子どもの学費など

Ｂ子さんは、夫の給与が振り込まれる口座を家計用（ふだん使い）にして、ネット銀行の口座を貯める用に開設。子どもの学費や月謝の引き落としは、ゆうちょ銀行の口座で管理。

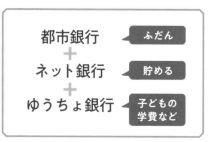

〚インターネットバンキングは便利！〛

メリット1

手数料が安い

一般的に、銀行の窓口やATMよりも振込手数料が安い。条件を満たすと無料になることも。預金金利も少し高いところが多い。

メリット2

いつでもどこでも利用できる

窓口やATMの場合は開いている時間に足を運ぶ必要があるが、ネットなら自宅のパソコンやスマホからいつでも取引できる。

メリット3

証券口座と連携しやすいものもある

三井住友銀行アプリとSBI証券、楽天銀行と楽天証券など、連携するとネット上での投資が簡単にでき、ポイントアップなどもある。

インターネットバンキングには、都市銀行や地方銀行での取引をネット上で行うものや、インターネット専業銀行（PayPay銀行や楽天銀行、ソニー銀行など）のものなどがある。

注意!!

セキュリティは万全に

安全に使うために、パスワードを複雑にする、セキュリティソフトを入れる、公衆無線LANを使わない、多要素認証を利用するといった対策を。

さて、実践！

口座を整理し、必要に応じて追加する

・ふだん使い口座

・貯める口座

・用途別口座

あなたがもっている銀行口座をすべて書き出してみます。その中から、ふだん使い口座、貯める口座、必要があれば用途別の口座を決めます。使い勝手のよい口座を新たに開設してもかまいません。使わない口座は解約しておきましょう。

普通・定期・積立定期預金の3つを目的に応じて活用する

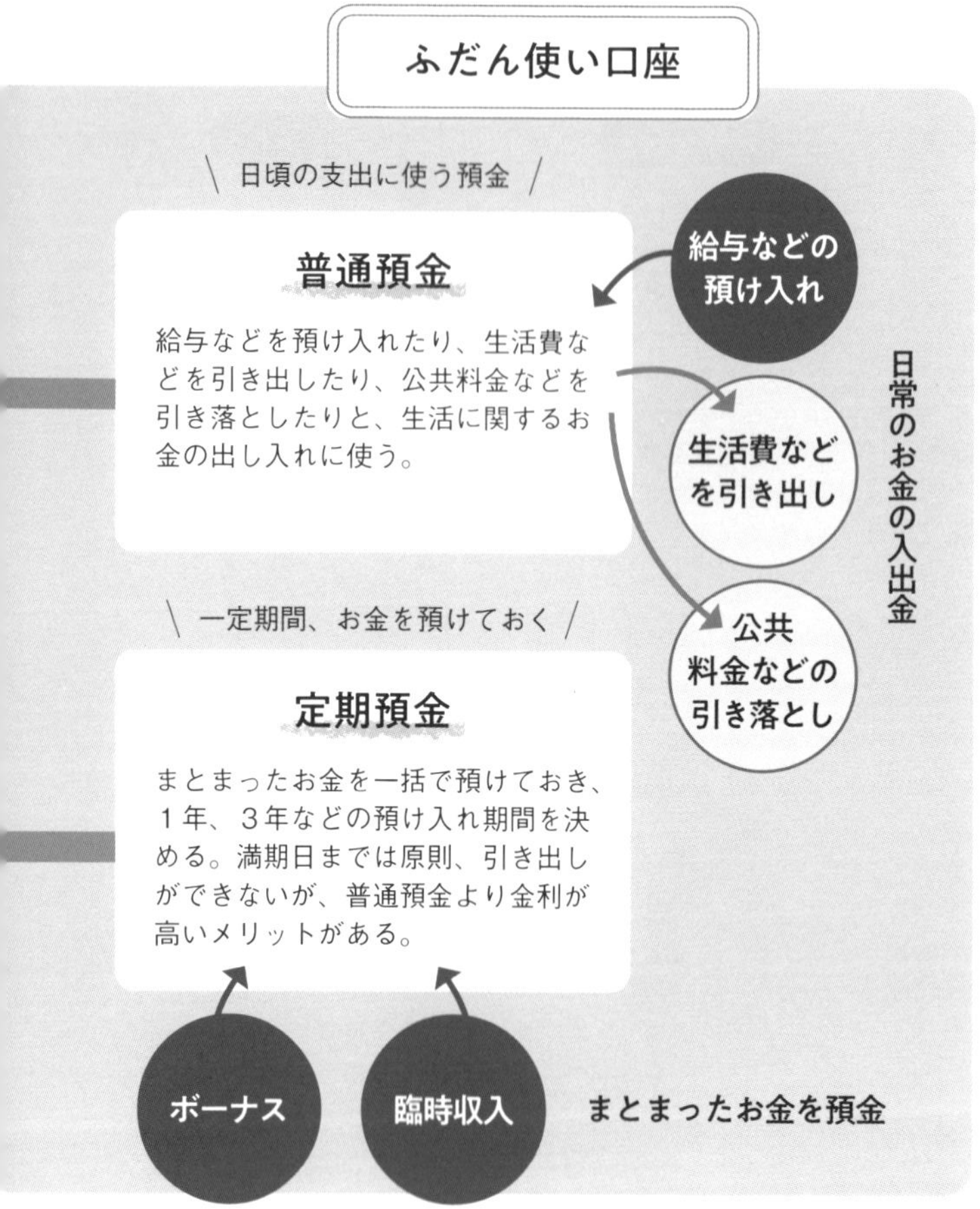
ふだん使い口座
日頃の支出に使う預金
普通預金
給与などを預け入れたり、生活費などを引き出したり、公共料金などを引き落としたりと、生活に関するお金の出し入れに使う。
給与などの預け入れ
生活費などを引き出し
公共料金などの引き落とし
日常のお金の入出金
一定期間、お金を預けておく
定期預金
まとまったお金を一括で預けておき、1年、3年などの預け入れ期間を決める。満期日までは原則、引き出しができないが、普通預金より金利が高いメリットがある。
ボーナス
臨時収入
まとまったお金を預金

銀行の預金には、いくつかの種類があります。銀行口座の基本となるのが「普通預金」。お金の預け入れや引き出しを行います。

一方、生活費とは切り離しておきたいお金は、「定期預金」に預け入れておくと、普通預金よりは少し高い金利がつきます（金利についてはP62参照）。

普通預金に定期預金がついた「総合口座」も一般的です。また、毎月一定の金額を自動的に定期預金に積み立てる「積立定期預金」というものもあります。

〚預金口座の賢い活用術〛

＼コツコツ貯蓄のために始めたい／

積立定期預金

毎月一定額を、指定した日に、普通預金から振り替えて積み立てる。預け入れ期間は、定めのないところもあれば、期間が決まっているところもある。

毎月一定額を移動させる

毎月１万円からでもよいので貯蓄をする。積立定期預金にすれば自動的にお金が移動する。

満期になったら❷

貯める口座に移し替え

積立預金も満期になったら、あるいは目標額まで貯まったら、貯める口座に移し替える。

満期になったら❶

貯める口座に移し替え

定期預金が満期になれば、金利で少し増額している。それを貯める口座に移し替える。

貯める口座

より金利の高いネット銀行などに貯める口座を開き、その定期預金にお金を貯めておく。満期になるまで引き出せないが、金利がつくのでお得。

この3つの口座を使い分けると便利です。例えば、普通預金を日常生活の収支に使い、臨時収入などは定期預金に入れます。同時に、積立定期預金で少しずつ貯蓄をしていきます。預金が満期になったら、別の銀行の「貯める口座」に移し替えると、着実に貯蓄ができます。

プラスα

銀行が破綻したら預金もなくなる？

めったにないこととはいえ、金融機関が破綻することはあり得ます。その場合、普通預金などについて、一つの金融機関につき預金者一人あたり元本1,000万円までとその利息などが保護されます（預金保険制度）。超える部分の保障は、破綻した金融機関の財政状況によります。

＼＼ なぜ銀行に預けると金利がつくの？ //

金利で増やす！ 預金も投資！

大金を自宅に保管する「タンス預金」では金利がつきませんが、銀行に預ければ「金利」がつきます。では、この金利とは何でしょうか。

お金を借りると元金とは別に対価が発生し、これを利息といいます。預金における金利とは、預金額に対して銀行から支払われる1年間の利息の割合のこと。「普通口座の金利は0・1％」などと表現されます。

例えば、預金額が300万円で金利が0・1％なら、1年間で得られる利息は3000円（300万円×0・001）となります。

しかし、不景気の現在は金利0・1％なら良いほうで、メガバンクの普通預金は金利が0・02％程度です。このような超低金利時代には、預金で利息分が増えてお得だという実感が得られにくいのですが、タンス預金に比べれば、ごくわずかでもお金は増えます。ちなみに、バブル時代は普通預金の金利が2％以上、定期預金なら金利5％を超えていました。銀行預金の利息で温泉旅行代くらいは捻出できたのです。

そして、利息がつくということは、私たちが銀行に「預け入れている」お金は、実は「貸している」お金であることがわかります。銀行は、顧客から借りたお金（＝預金）を運用して利益を得ており、この利益の中から顧客の預金に対する利息を対価として支払っているのです。

これは投資の仕組みと同じです。実は、銀行預金も投資なのです。

Lesson 1 単利と複利、どちらがお得?

単利

預け入れたときの金額に
対して利子がつく

複利

利子分も含めた金額に
対して利子がつく

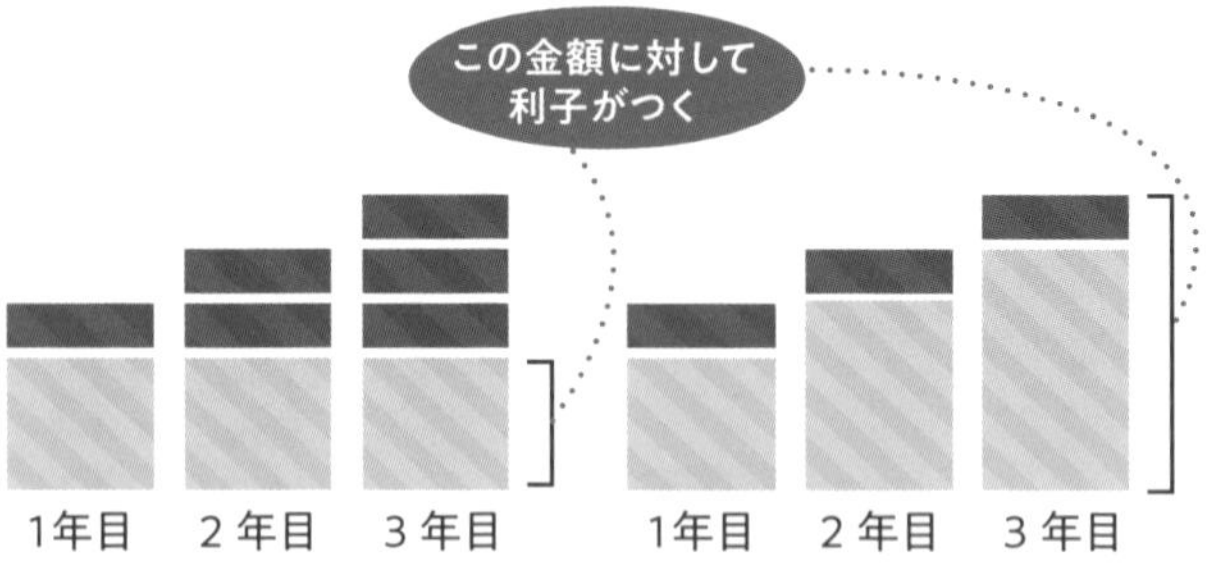
この金額に対して
利子がつく
1年目
2年目
3年目
1年目
2年目
3年目

定期預金などの金融商品を選ぶときに、「単利」と「複利」という言葉が出てきます。これは、利息のつき方の違いです。長期の預金なら、複利の方がお得です。

最初に預けた金額に利息がつく仕組み。100万円を3年間預けた場合、1年目も2年目も3年目も「100万円」に対する利息がつく。

利息を元本に組み入れた金額に利息がつく仕組み。100万円を3年間預けた場合、2年目は「100万円+利息分」に対して利息がつく。

Lesson 2 固定金利と変動金利、どちらを選べばよい?

定期預金の多くは「固定金利」だが、「変動金利」のものもある。景気が良いときは金利が上がるので変動金利が有利、景気が悪いときはその反対となる。

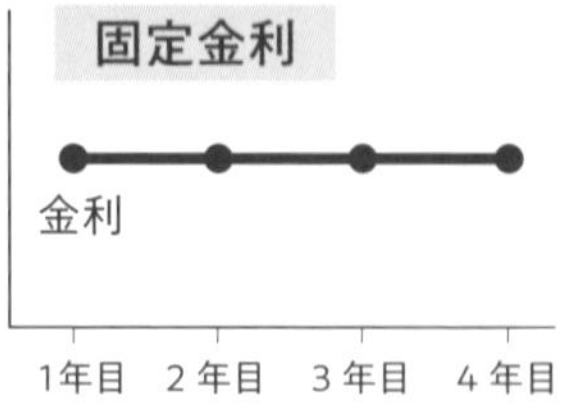
固定金利
金利
1年目
2年目
3年目
4年目

景気にかかわらず、預け入れ時の金利が満期まで適用される。

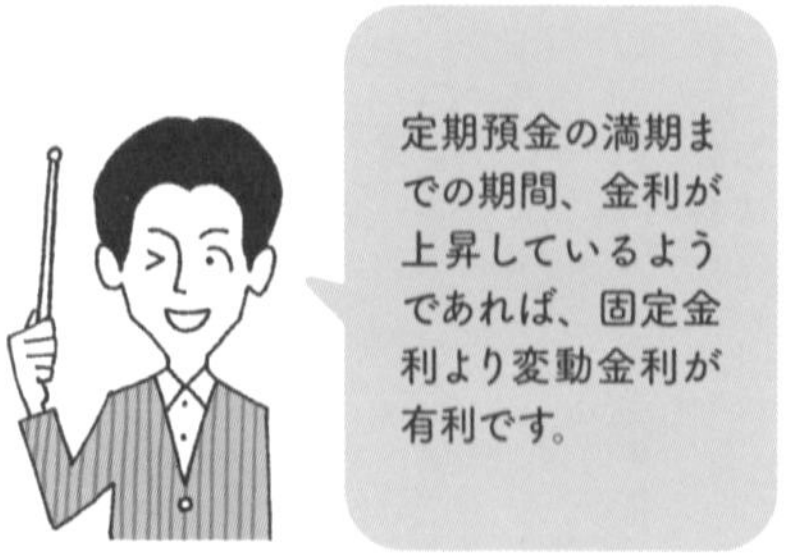
定期預金の満期までの期間、金利が上昇しているようであれば、固定金利より変動金利が有利です。

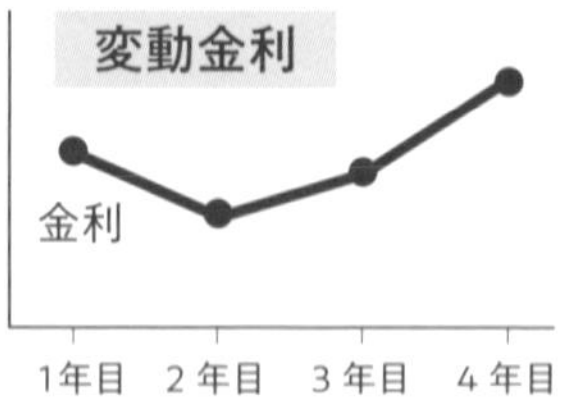
変動金利
金利
1年目
2年目
3年目
4年目

景気によって金利は変動し、その時々の金利が適用される。

家庭に一つ、家計用の口座を。手数料を最小限にして無駄な出費を減らす

銀行口座は便利ですが、注意したいのは、手数料がかさむことです。ATMや窓口で入出金や振込をすると、100～800円台くらいまでの手数料がかかります。貯蓄を少しでも増やしたいなら、こういった無駄な出費はなくしたいもの。

そのためには、家計用の口座を一つ決めて、そこで一括管理をし、お金の移動回数をできるだけ減らします。例えば、共働き夫婦の場合、どちらか一方の既存の口座を家計用にするか、新たに共用の口座をつくります。その家計用口座に、各自が毎

〚手数料をゼロにする工夫〛

1 キャッシュレスにする

急に現金が入用になり、近くのＡＴＭに駆け込んだ経験のある人も多いだろう。キャッシュレス決済にすれば、現金が足りないという事態が起こらない。ＡＴＭ等での引き出し手数料を節約できる。

2 ATM の手数料をゼロか安く抑える

銀行やコンビニのＡＴＭでは、入出金の手数料が110～330円かかる。ただし、同じ銀行同士のカードなら平日９時～18時は無料になるなど、時間帯や条件によって無料または安くなるタイミングがある。その時を狙って利用するとよい。

3 振込は窓口ではなくネットで行う

振込手数料が高いのは、窓口、ＡＴＭ、ネットバンキングの順。他の金融機関宛ての方が手数料は高く、同じ銀行宛ての送金ネットバンキングで行う場合には、送金額にかかわらず無料になるところが多い。

ついコンビニのATMに行ってしまうけれど手数料がばかにならないのね

【家計管理は口座間のお金の移動をシンプルにする】

例1 どちらかの口座を家計用にする

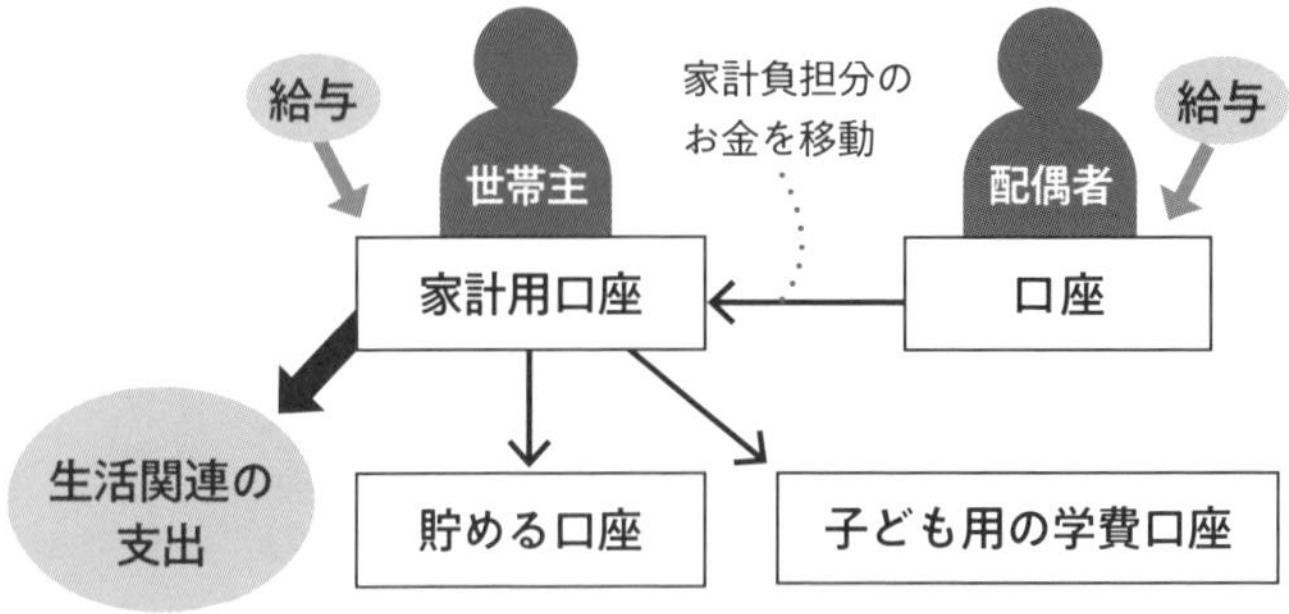

夫婦共働きで子どもがいる場合、家計用口座の活用方法は2パターンある。例1では、家計用口座と配偶者の口座を同じ銀行にすれば、送金時に手数料を抑えられる。

例2 共通の口座をつくって家計用にする

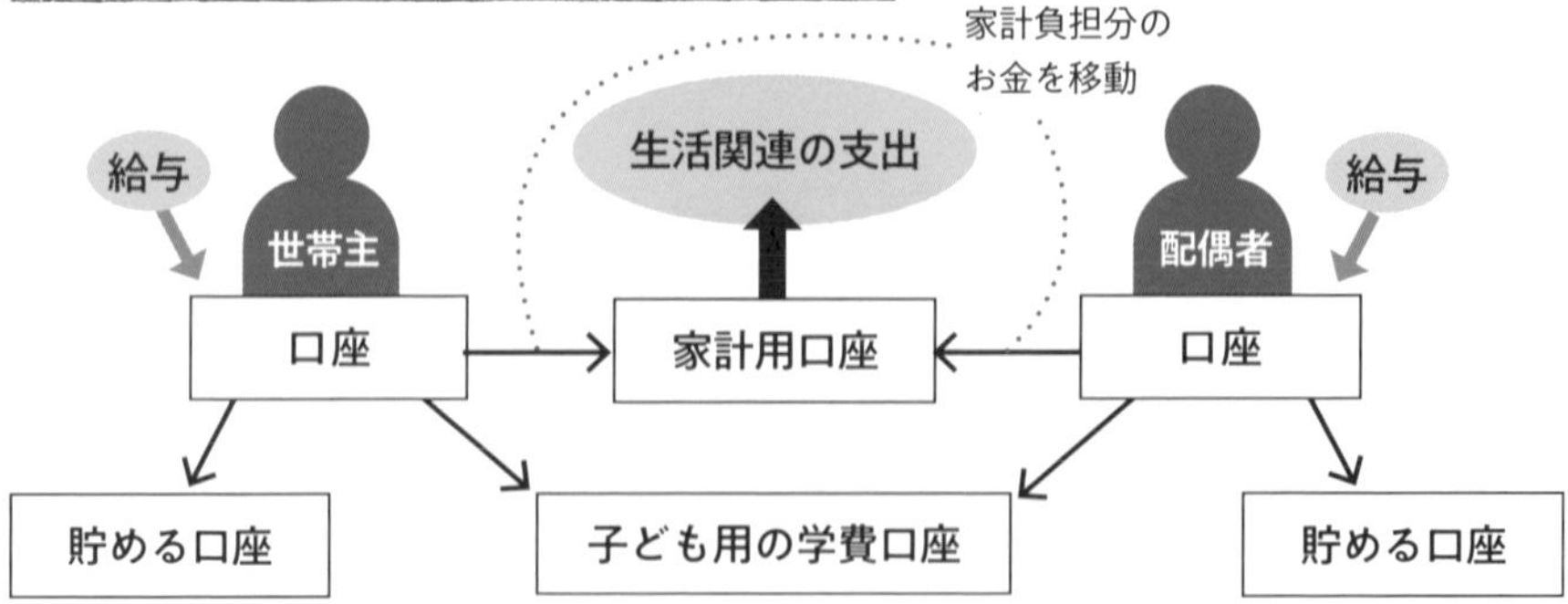

月負担するお金を移動し、生活費として利用します。そして、貯蓄は貯める口座に移動します（上の図を参照）。なお、共用口座とはいえ、口座は一人の名義でしかつくれません。どちらかの名義で口座をつくり、共有の家計用としてください。

さて、実践！

どれくらい手数料を払っているのか振り返ってみよう

●今月いくらくらい手数料を払ったか

・引き出し＿＿＿＿＿＿円

・振込＿＿＿＿＿＿円

合計

Ⓐ＿＿＿＿＿＿円

●1年間でこんなに無駄遣い！

Ⓐ×12ヵ月＝＿＿＿＿＿＿円

気長に着実に！ 積立定期預金で毎月コツコツと貯蓄にはげむ

「貯蓄が苦手」という人におすすめなのが、積立定期預金です。毎月、決まった金額が決まった日に指定した口座から自動的に引き落とされて貯まっていきます。最初に設定さえしてしまえば、コツコツと貯蓄を続けることができます。

　毎月の積立金額の設定は、最低1000円～のところもあれば5000円～のところも。銀行により異なります。自分にとって無理のない範囲で設定しましょう。銀行によっては、ボーナス時などに追加入金が可能です。

〖こんな人に特におすすめ！〗

簡単な方法で貯蓄をしたい人

貯蓄額、引き落とし日、期間を決めれば、その後は残高不足にさえ気をつけていればOK。手間をかけずに貯蓄が進む。

給料が入るとすぐに使ってしまう人

積立定期預金の引き落とし日を、給与振込日の直後に設定しておくことで、自分が浪費する前に貯蓄に回すことができる。

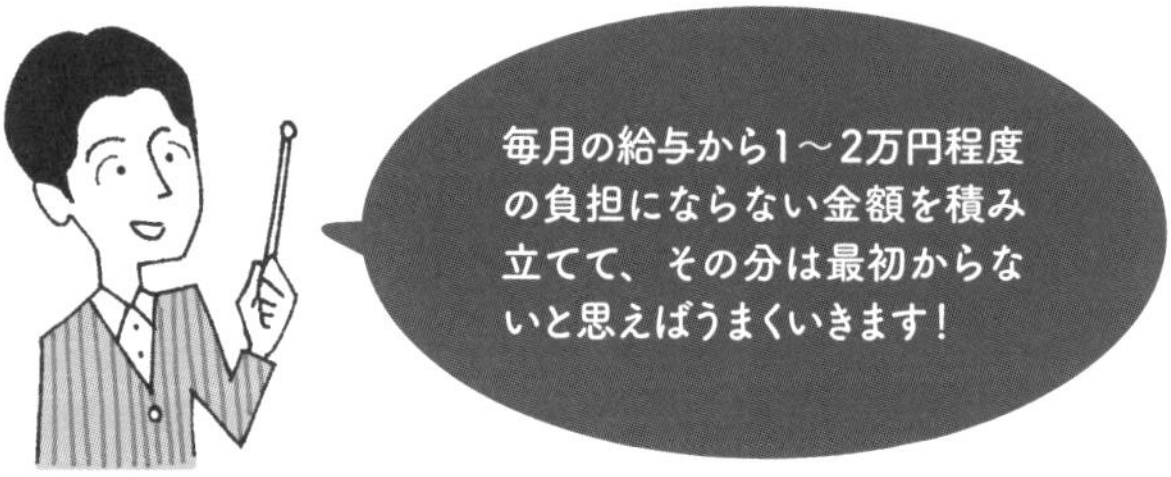
毎月の給与から1～2万円程度の負担にならない金額を積み立てて、その分は最初からないと思えばうまくいきます！

〚積立額別シミュレーション〛

毎月の積立額別に５年間でいくら貯まるかを示したもの。金利は含まれていないので、実際の金額とは少し異なる。

●毎月２万円なら

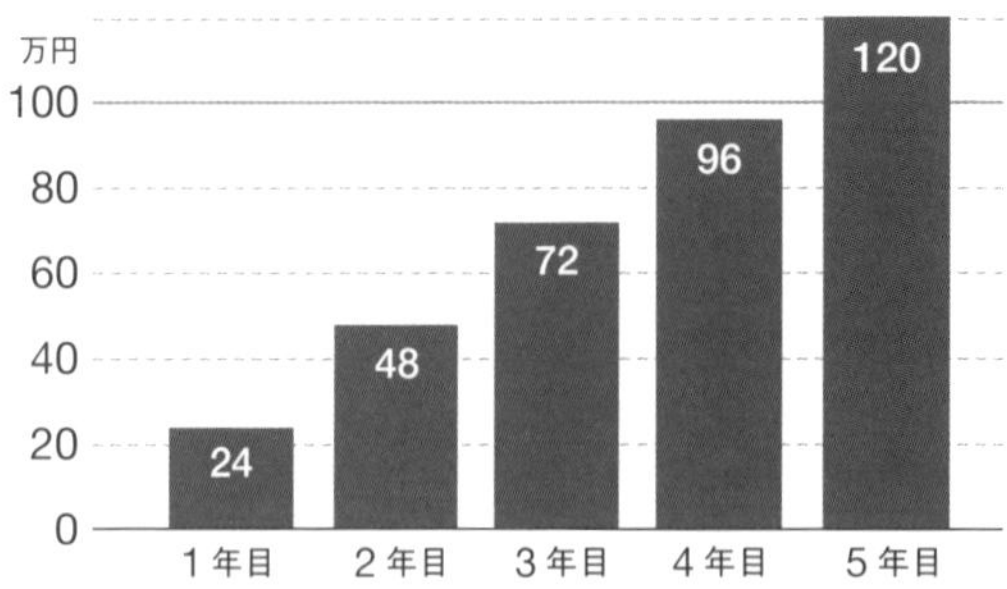

5年目 100万円を達成

毎月２万円を積み立てた場合、５年目で100万円達成、５年終了時には120万円を貯められる。ボーナス時に追加できる仕組みなら、年に10万円ずつ上乗せすることで、３年目で100万円を達成、５年終了時には170万円になる。

●毎月３万5,000円なら

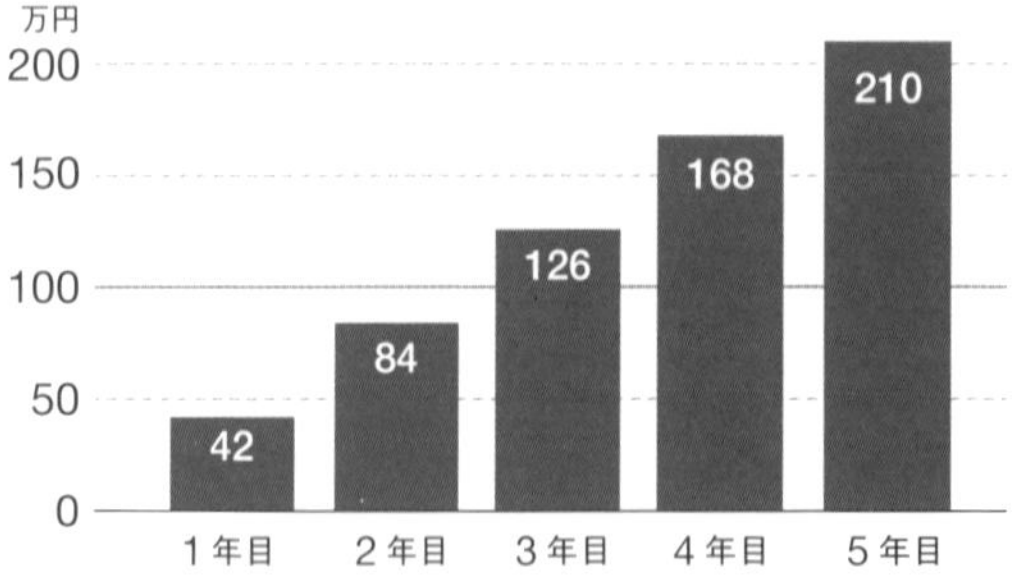

3年目 100万円を達成

毎月３万5,000円を積み立てた場合、３年目に100万円達成、５年終了時には210万円を貯められる。ボーナス時に年に10万円ずつ上乗せした場合には、２年目で100万円を達成、５年終了時には260万円になる。

さて、実践！

積立定期預金の計画を立ててみよう

・毎月＿＿＿＿＿万円を積み立てる

・１年間で＿＿＿＿＿万円が貯まる

・満期は（＿＿年）で＿＿＿＿＿万円達成

また、積立期間は、３年、５年などの期間を決めることが多いものの、無期限のものもあります。

定期預金に比べると金利は低い傾向にありますが、毎月少額から貯蓄できるので、チャレンジしやすく成功しやすい貯蓄法といえます。

給与天引きの財形貯蓄は非課税が魅力。住宅購入や老後のための資産形成に

〘財形貯蓄のメリット〙

メリット1

給与天引だから強制的に貯められる

給与天引きなので、貯めやすい。解約する場合は会社に申し出る必要があるため、やめにくい。つまり、貯蓄を継続しやすい。

メリット2

利子が非課税

通常の預金は利息に対して課税されるが、財形住宅貯蓄と財形年金貯蓄は、元本550万円までは非課税となる。

メリット3

ライフイベントに備えた貯蓄ができる

住宅の購入やリフォーム、老後など、将来お金が必要となるときに備えて貯蓄できる。多目的な貯蓄とは別に財形貯蓄をしておけば安心。

会社員で、勤務先が財形貯蓄制度を導入している場合は、勤務先を通じて給与やボーナスから天引きして積み立てる財形貯蓄を利用できます。

財形貯蓄は事業主の福利厚生の一つなので、会社員のほか、公務員、船員、継続して雇用されることが見込まれるアルバイトやパートタイマー、契約社員、派遣社員が利用できます。法人の役員（一部条件を除く）や自営業者などは対象となりません。

財形貯蓄は給与天引きなので、貯蓄を継続しやすく、着実に貯めるこ

〚財形貯蓄は目的ごとに3タイプある〛

＼目的／ 住宅購入・リフォーム資金に	＼目的／ 老後資金に	＼目的／ 使い道は自由
財形住宅貯蓄	**財形年金貯蓄**	**一般財形貯蓄**
満55歳未満の勤労者が加入できる	満55歳未満の勤労者が加入できる	年齢制限なしで勤労者が加入できる
積立期間5年以上	**積立期間5年以上**	**積立期間3年以上**
▶本人が住むための住宅の購入（床面積50㎡以上。新築の建設・購入、要件を満たした中古住宅の購入）や工事費75万円を超えるリフォームをする際に引き出せる ▶目的外での払い出しは、5年間をさかのぼって利息の全額に課税される	▶老後資金のための積立貯金なので、満60歳以降に年金として受け取る ▶老後用とはいえ、積立期間は5年以上なので、満55歳までには開始すること ▶目的外での払い出しは、5年間をさかのぼって利息の全額に課税される	▶目的は自由。車の購入や旅行代金、教育資金など、用途に関係なく使うことができる。 ▶加入時の年齢制限はないが、積立期間は3年以上必要 ▶税制の優遇措置はなし

とができます。

目的別に3種類あり、住宅を購入したいなら「財形住宅貯蓄」、老後資金にあてたいなら「財形年金貯蓄」、自由に使いたいなら「一般財形貯蓄」を選ぶとよいでしょう。先に挙げた2つは要件を満たせば非課税になるというメリットもあります。

プラスα

転職や退職をしたら財形貯蓄はどうなるの？

退職から2年以内に再就職し、新勤務先が財形貯蓄制度を実施していれば、手続きをとることで積み立てを継続できます。退職する場合や新勤務先が財形貯蓄制度を導入していない場合には、財形貯蓄は解約となり、「財形住宅」や「財形年金」については課税扱いとなります。

＼ 税金対策で少しでも暮らしを楽に！ ／

ふるさと納税や「控除」も忘れずに

〚お得で楽しい、ふるさと納税〛

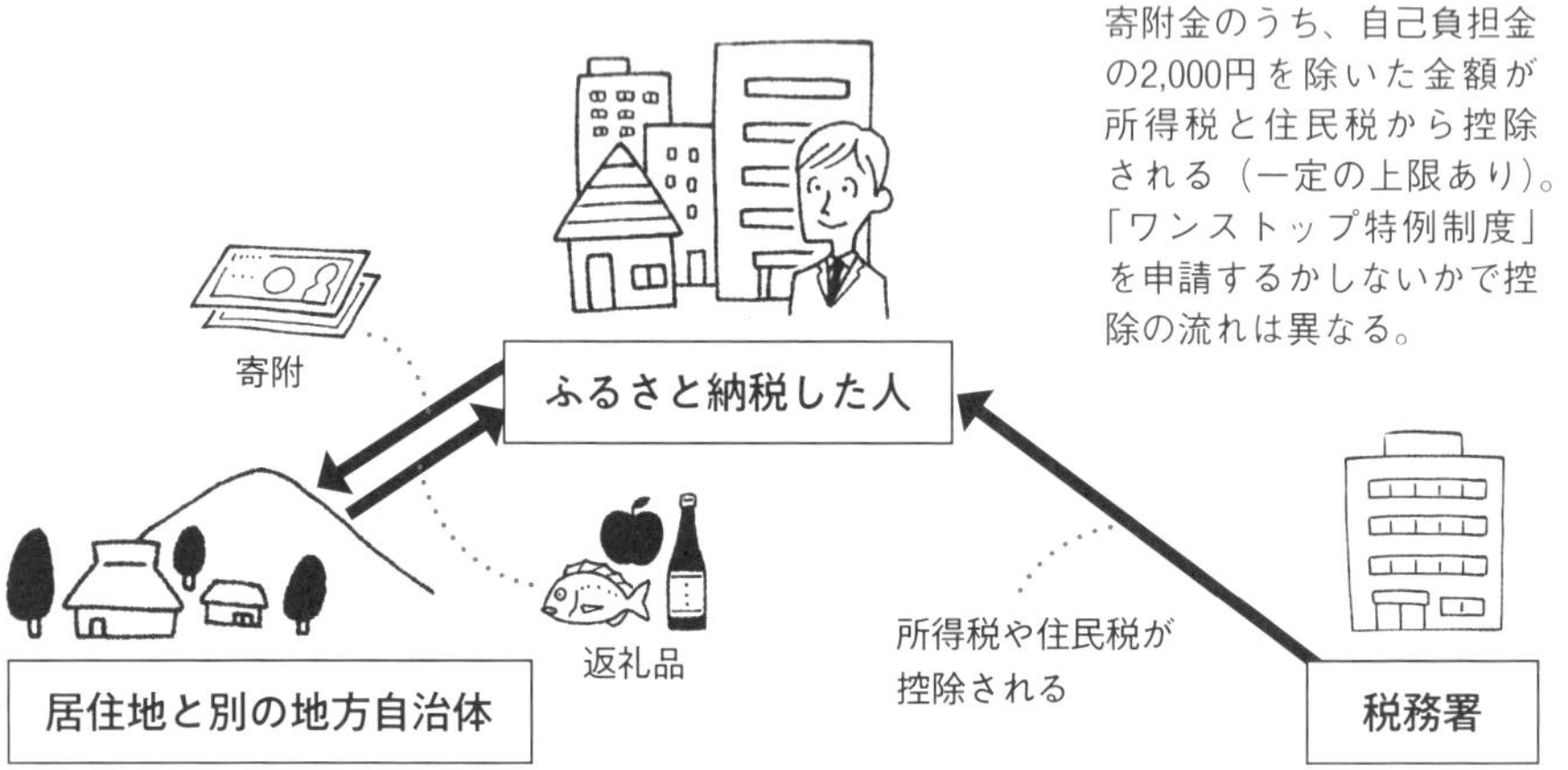
寄附金のうち、自己負担金の2,000円を除いた金額が所得税と住民税から控除される（一定の上限あり）。「ワンストップ特例制度」を申請するかしないかで控除の流れは異なる。
寄附
ふるさと納税した人
返礼品
所得税や住民税が控除される
居住地と別の地方自治体
税務署

少しでも節税をして、生活のために使えるお金を多く残したいと思うのは当然のこと。そのためには「控除」を上手に活用しましょう。

「ふるさと納税」は、故郷などの好きな地方自治体に寄附をすると返礼品として特産品などを受け取れる制度です。所得税や住民税からの控除の対象にもなります。大きな節税とまではいえなくても、ただ納税するよりは返礼品を受け取れるのでお得ですし、生活も助かります。

控除の手続きも簡単です。会社員などの確定申告の必要のない給与所得者で、寄附先の自治体が5か所以内であれば、「ワンストップ特例制度」という簡素化した控除申請を利用できます。

〚控除を活用して節税する〛

医療費が年間10万円を超えた人は…

医療費控除

・所得控除
・確定申告が必要

同一生計の親族を含む年間の医療費が10万円を超えた場合、超えた金額の所得控除を受けられる。最大控除額は200万円。

住宅ローンを組んだ人は…

住宅ローン控除

・税額控除
・確定申告が必要

住宅ローンを利用して住宅を購入した場合、最長13年間、所得税が安くなる。住宅ローンの年末残高×0.7%＝控除額となる。

▶ 所得控除と税額控除の違い

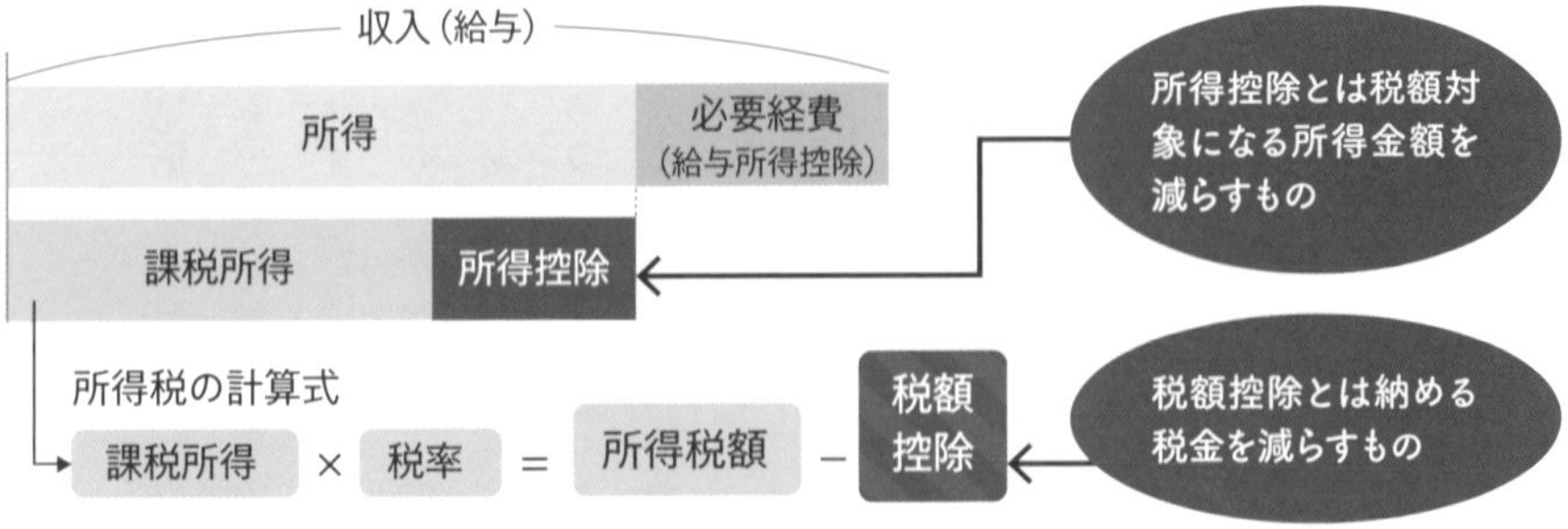

ほかにもさまざまな控除があります。住宅ローンを組んで住宅を購入した場合には、要件を満たしていれば、「住宅ローン控除」を受けられます。確定申告をすると、支払う所得税が安くなります。

また、医療費が年間10万円を超えた場合には「医療費控除」を受けられます。確定申告をすると所得控除の対象となり、所得税と住民税が減額されます。

医療費控除は所得控除を受けられる制度の一つですが、所得控除とは、課税の対象となる所得を減らすものです。一方、住宅ローン控除などは、本来払うべき所得税から直接引くことができる税額控除です。

落とし穴を回避

離婚、大病など

トラブル発生で予期せぬ大出費も

将来を見据えてお金を貯めていても、その通りにいかないこともあります。例えば、自分または世帯主が失業したり大病を患ったり、あるいは離婚などといったトラブルがあったりすると、せっかく貯めてきた貯蓄を崩すこともあるでしょう。

失業した場合は、なるべく早く失業給付金を受け取る申請をして、再就職先を探します。

病気やケガで働けなくなった場合は、会社員や公務員なら健康保険から給付金をもらえます。個人事業主やフリーランス、専業主婦（主夫）などの国民健康保険加入者はもらえないので、そういった事態に備えて日頃から資産形成をしておきたいものです。長期の入院や手術となると医療費がかさむので、民間の医療保険に加入しておくのもよいでしょう。

離婚することになった場合は、弁護士費用がかかったり、家を出る人は引っ越し費用が必要になったりすることもあります。

離婚時の一時的な出費よりも問題なのは、その後の収入です。ひとり親家庭は共働き家庭に比べて収入が少なくなりがちなので、公的支援も利用しましょう。

3章

\\ 投資の前にこれだけは //

お金の仕組みがわかれば、誰でも資産を増やせる

3章

経済ニュースがざっくりわかれば投資は怖くない

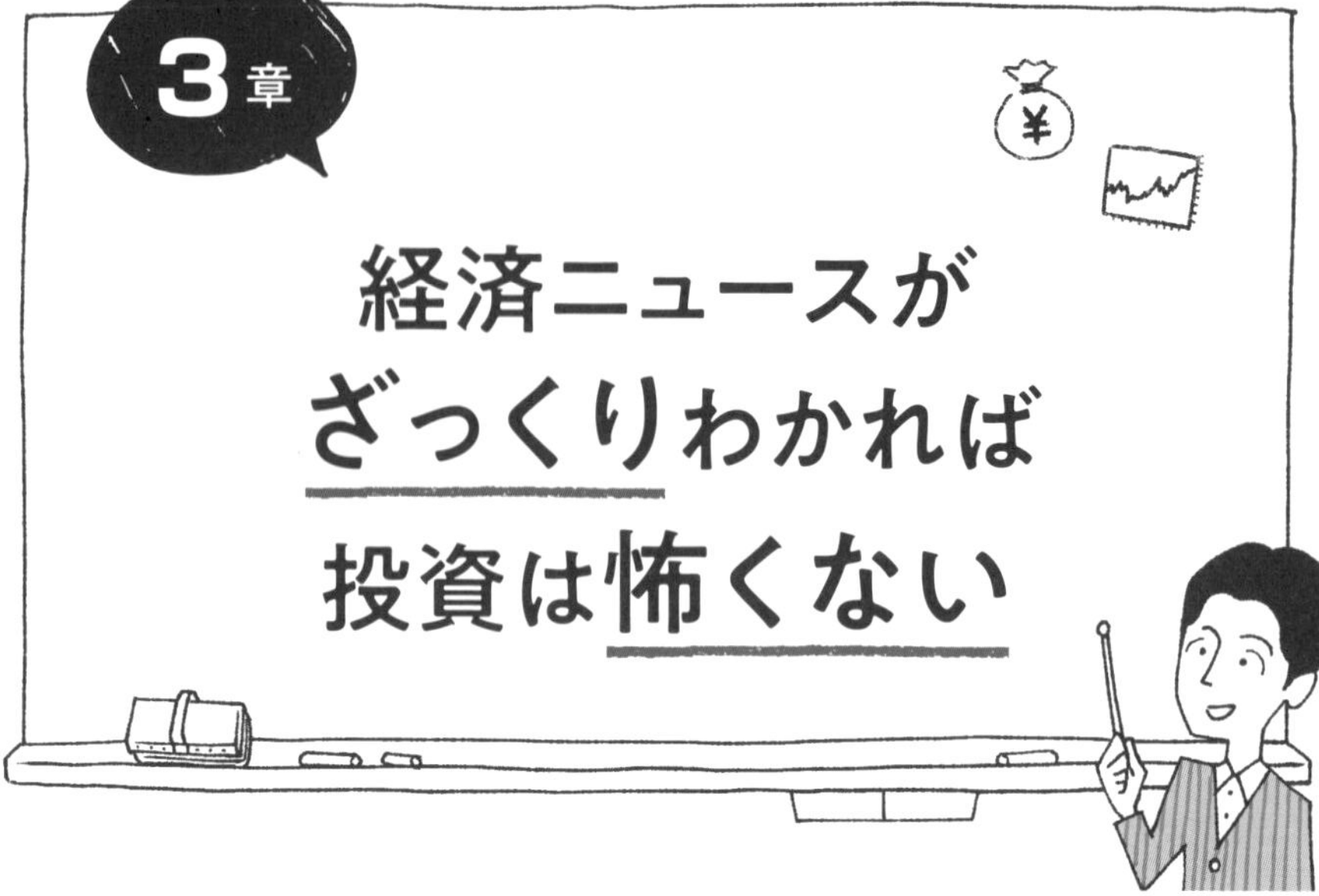

老後資金の3000万円を貯めるには投資が不可欠、といった話を見聞きして、投資に興味をもった人は多いのではないでしょうか。その一方で、「まとまった資金がないと始められない」「ギャンブルみたい」「大損をしそう」など、ネガティブなイメージをもっていて、投資に躊躇《ちゅうちょ》している人もいることでしょう。

最初にまとまった資金があればその分早く資産を増やすことができます。ですが、資金がなくても大丈夫です。月々1万円程度の少額でも始めることができます。投資の税制優遇制度が整備されたので、投資へのハードルがぐんと下がりました。安定した収入のある会社員だけでなく、主婦（主夫）も学生も気軽に投資を始められるのです。

また、投資はギャンブルとは違います。ギャンブルは、勝ち負けに法則（再現性）はありません。一方、投資は経済の仕組みや動き、景気の動向、株価の変動など、経済のニュースがざっくりとわかっていれば、過去の結果を再現することは可能です。投資とは、資産を計画的に無理なく少しずつ増やしていく手段なのです。

3章では、投資の仕組みや最低限知っておきたい知識を学んでいきましょう。

この章でできるようになること

- ☑ 投資の仕組みがわかる ⇒P76～77
- ☑ 自分にあった投資方法がわかる ⇒P78～83
- ☑ 投資の最低限の基礎知識を身につける ⇒P84～91

そもそも投資をするとなぜお金が増えるのですか？　仕組みがわからないので怖く感じてしまいます。

投資とは、利益を見込んで資産を投じることです。例えば、成長が見込める会社に投資をすると、その会社は投資家から集めたお金を使って事業を拡大するなどして利益を上げ、その利益の一部を投資家に戻します。投資は経済を回す力になっているのです。

株式や投資信託、不動産、FXなど、いろいろありますが、これから資産を増やすには何がよいでしょうか。

金融商品を選ぶ際、安定しているか、収益は見込めるか、必要なときに現金化できるか、といった３つの基準から、自分が優先したい基準は何か考えるとよいでしょう。また、ＦＸは投機要素が強く、リスクが大きいので、投資初心者にはおすすめしません。

投資のリスク、と聞くと怖い気がします。慣れるためにお試しで始めることはできますか？

投資における「リスク」とは、価値のブレ幅をいいます。ブレ幅が大きいと、利益が大きくなる一方、損失も大きくなります。試しに投資を体験してみるなら、日頃の買い物などで貯まっているポイントを使った「ポイント投資」をおすすめします。

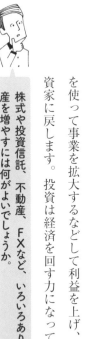

会社や事業に出資すると、出た利益から見返りがもらえる

〖投資の仕組み〗

投資は、株などの金融商品を買ったり、もち続けたり、売ったりすることで、利益を得る仕組み。

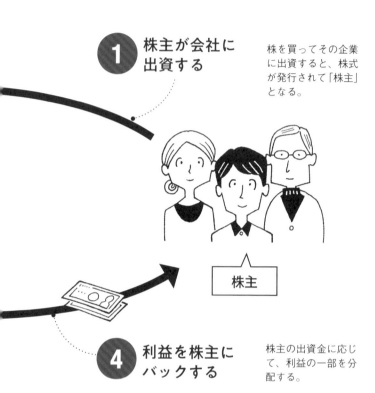

1 株主が会社に出資する

株を買ってその企業に出資すると、株式が発行されて「株主」となる。

4 利益を株主にバックする

株主の出資金に応じて、利益の一部を分配する。

銀行預金のメリットは預けておくだけで利息がつくことですが、低金利時代ということもあり、高い利息は期待できません。それに対して、大きく資産を増やせる可能性があるのが投資です。

投資とは、自分が応援したいと思う企業や成長が見込める企業にお金を提供することで（出資）、その企業が事業を行って得た利益の一部が還元される仕組みです。出資をするには、株式や投資信託などを買います。

投資のメリットは、自分自身は実際に労働をせずに、利益を得られる

投資信託も同じ仕組み

投資信託（P81）は、出資者に代わってファンドマネージャーという投資のプロが運用を行うが、基本的な仕組みは同じ。

2 会社は出資金をもとに事業を行う

企業は大勢から出資金を集めて事業を行う。

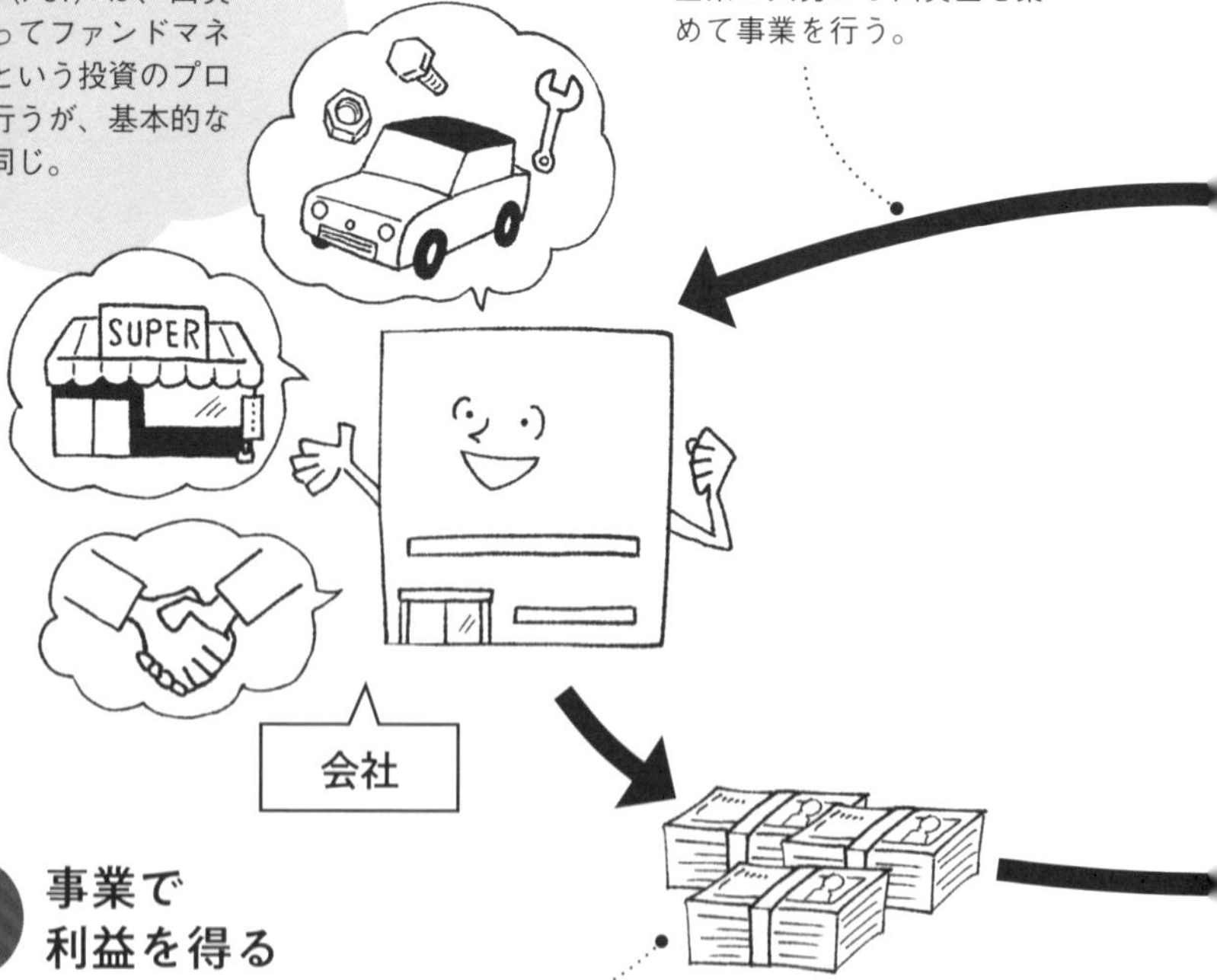

3 事業で利益を得る

企業は事業をうまく行うことで利益を生み出す。

ことでしょう。ただし、出資をしたのに利益が出ない、つまり赤字になるというリスクもあります。

また、大勢の人が投資をすれば、企業は大きな元手で事業を行うことができるので、経済の活性化にもつながります。

プラスα

株式会社の発明は17世紀にさかのぼる

大航海時代、ヨーロッパの国々は香辛料貿易で利益を上げていましたが、難破や海賊による襲撃で船荷を失うこともありました。そこで、1602年にオランダで設立された東インド会社では、大勢で出資することで損失のリスクを分散する仕組みを考案しました。

これが株式会社の起源とされています。

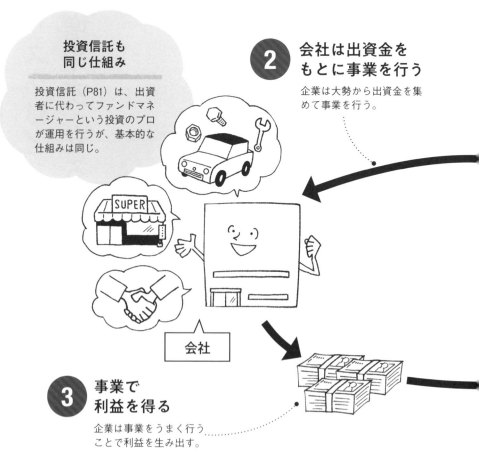

リスクはどこまで許せる？増やす・守る・備える、どれを優先する？

投資を始めるうえで大切なことは、リスクを知っておくことです。とはいえ、むやみに怖がる必要はありません。投資先の業績が上がればリターンは増え、業績が下がればリターンは減って損失が生じることもある、という当たり前のことなのです。

資産を大きく増やしたいのか、少しずつ増やしながら守りたいのか、将来に備えたいのか、といったことを考えながら、自分に合った投資方法を検討していきます。まずは金融商品ごとの特徴をおさえておきましょう。

〚金融商品ごとのリスクとリターン〛

リスク承知で高いリターンを狙うか、リスクを避けてほどほどのリターンを手堅く得るか、自分に適した投資方法を選ぶ。

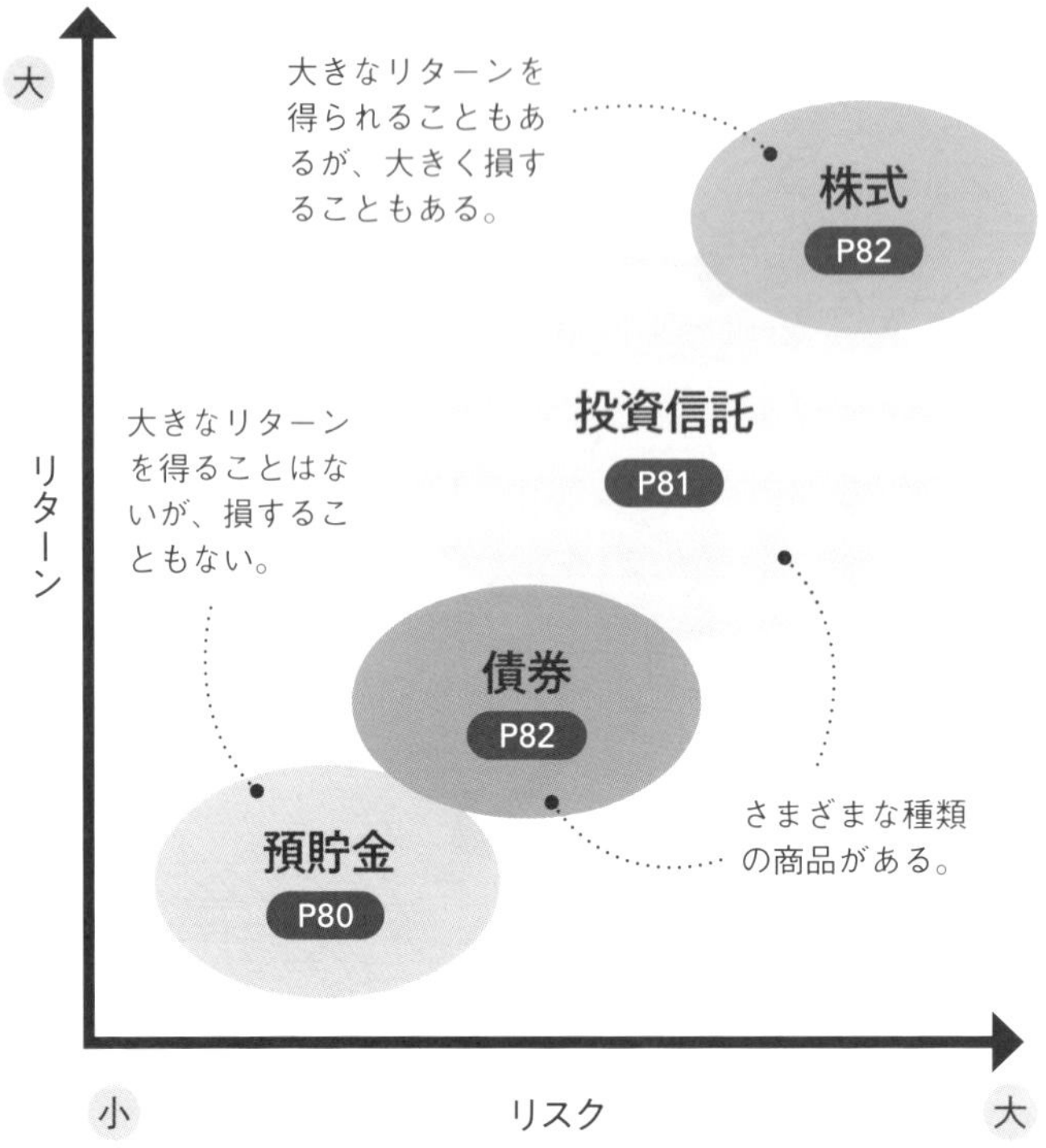

大
リターン
小
リスク
大
大きなリターンを得られることもあるが、大きく損することもある。
株式
P82
投資信託
P81
大きなリターンを得ることはないが、損することもない。
債券
P82
預貯金
P80
さまざまな種類の商品がある。

〚金融商品を選ぶ3つの基準〛

金融商品を選ぶポイントは、収益性、安全性、流動性の３つ。
すべて満たす商品はない。自分が優先したいものを考える。

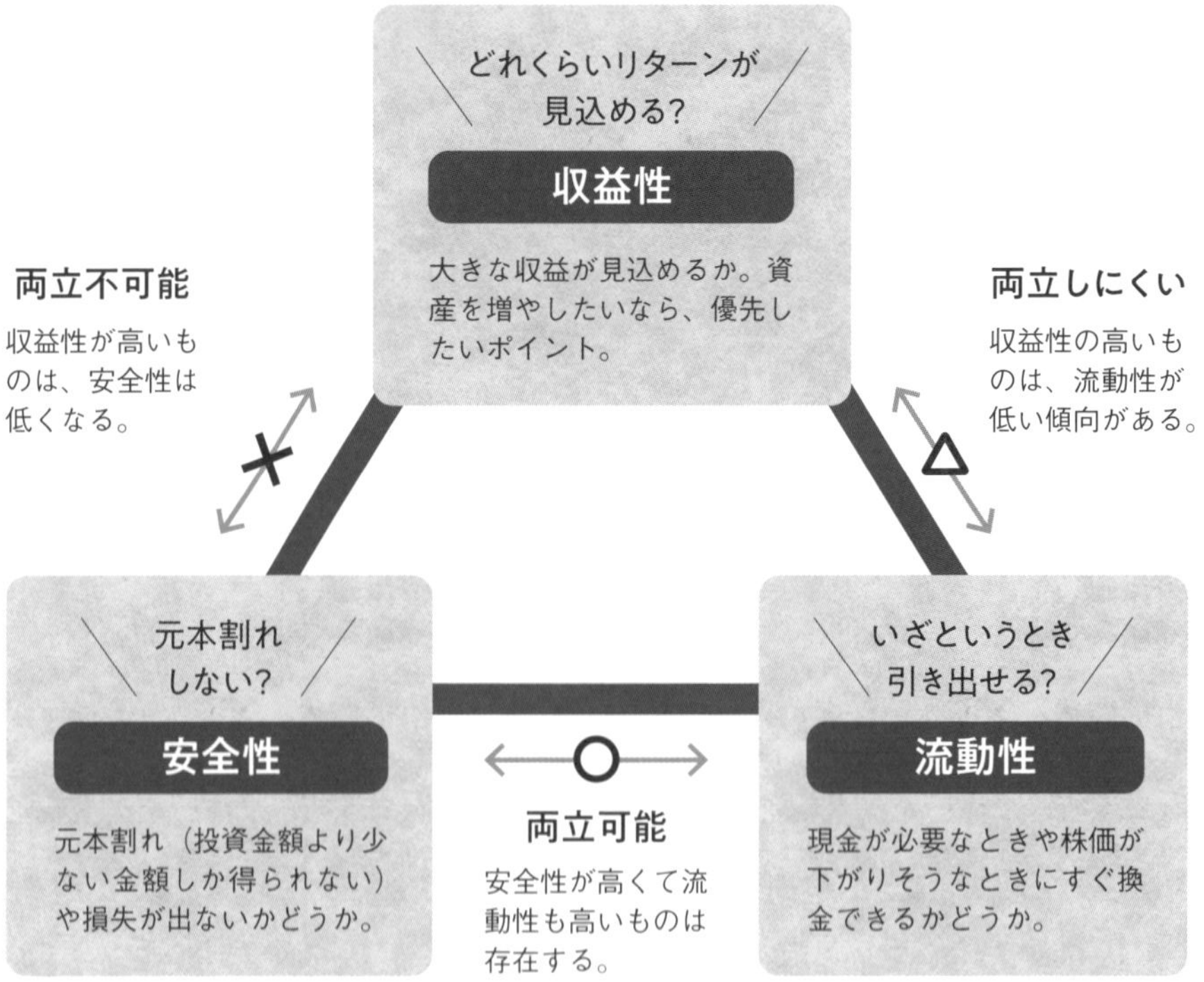

さて、実践！

自分のリスク許容度を診断しよう

自分の資産状況や性格から、リスク許容度がわかる。チェックが多いほどリスク許容度が高く、少ないほど低い。

- □ 投資経験がある
- □ 年収の半分ほどの貯蓄がある
- □ 20～30代である
- □ 多少の損失なら割り切れる
- □ 扶養家族はいない

さまざまな投資の選択肢を知り、自分に合うものを選ぶ

投資の金融商品には、それぞれメリット・デメリットがあります。

預貯金は、安全性の高さは断トツですが、収益性は低いです。預貯金より収益性があって比較的安全性が高い投資信託は、投資の第一歩としておすすめです。

投資信託をするなら、ＮＩＳＡやｉＤｅＣｏを利用するのも手です。ＮＩＳＡとは、投資で得られた利益が非課税になる制度です。ｉＤｅＣｏとは、老後のための私的年金制度です。毎月の積立金を投資信託などに運用します。

〚金融商品ごとの特徴とメリット〛

＼減ることがない／

預貯金

収益性 ⯪☆☆
安全性 ★★★
流動性 ★★★

預金者が金融機関に預けたお金に対して、定期的に利息が支払われる。預けたお金が減ることはない。安全性が高く、いつでも引き出せるが、収益性は低い。

投資の3つの基準はP79を参照

MEMO 預金と貯金の違い

預金	貯金
・銀行 ・信用組合 ・信託銀行 ・信用金庫 ・労働金庫 ・各種ネット銀行 など	・ゆうちょ銀行 ・JAバンク ・漁業協同組合 ・水産加工業協同組合 など

もともと企業のみが相手だった銀行では「預金」、個人向けの郵便貯金制度では「貯金」という言葉を使っていた。現在は、個人でも銀行を利用できるので、同じ意味で使われている。

プロの運用・分散投資で安心!

投資信託

収益性 ★★☆
安全性 ★⯪☆
流動性 ★★☆

投資信託を買うことで、その資金をもとにファンドマネージャーという専門家が分散投資してくれる。自分で株式などを買うより手間がはぶける。

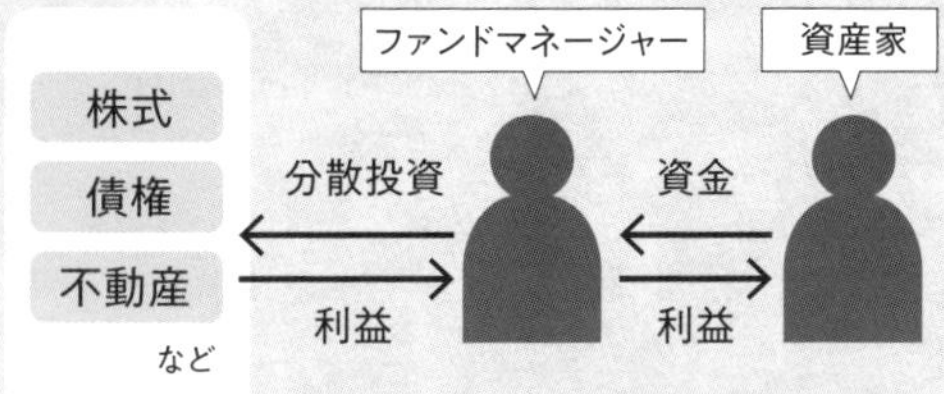
株式
債権
不動産
など
ファンドマネージャー
資産家
分散投資
利益
資金
利益

投資家から集めたお金をファンドマネージャーが運用し利益を還元する。

新 NISA つみたて投資枠

収益性 ★★☆
安全性 ★⯪☆
流動性 ★★☆

2023年までの「つみたてNISA」を引き継ぐ。対象商品は、長期の積立・分散投資に適した一定の投資信託。

詳しくは P104 ~

新 NISA 成長投資枠

収益性 ★★★
安全性 ★☆☆
流動性 ★★☆

2023年までの「一般NISA」を引き継ぐ。対象商品は、上場株式・投資信託など。つみたて投資枠と併用可能。

詳しくは P118 ~

投資信託、
NISA、iDeCo は
初心者でも
始めやすい投資と
いえるでしょう。

iDeCo

収益性 ★★☆
安全性 ★★☆
流動性 ☆☆☆

加入時から60歳まではお金を積み立てて、預貯金や投資信託で運用。そこで増やしたお金を、60~75歳の間に受け取る。60歳未満は受け取れない。

詳しくはP 122 ~

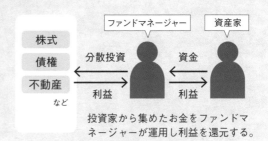

安定性が魅力

債券

収益性 ★☆☆
安全性 ★★☆
流動性 ★★☆

国や地方自治体、企業などが投資家から資金を借り入れるために発行する有価証券。満期には額面金額と利子が払い戻される。満期を待たずに売却も可能。

債権の種類

- 国が発行する**国債**
- 地方自治体が発行する**地方債**
- 会社が発行する**社債**
- 発行者、通貨、発行場所のいずれかが海外なら**外国債**

リスクがある分、
リターンも大きい

株式

収益性 ★★★
安全性 ⯪☆☆
流動性 ★☆☆

証券市場で株式に出資をすることでその企業の株主になり、経営に参加する権利や、配当金を受け取る権利を得る仕組み。株価はその企業の業績などにより変動。

● **バリュー株**

割安株。企業が生む利益や保有資産などから算出される企業価値と比べて株価が低いもの。

● **グロース株**

成長株。業績が急拡大している企業など、成長性や将来性の評価が高いもの。

● **IPO株**

新規公開株式。企業がIPOを行うと、そこの株式を一般投資家が売買できるようになる。

投資のコツがつかめてきたら、債券や株式を始めてみるのもよいでしょう。この2つを比較すると、債券の方が安全性は高い分、値動きの幅は小さくなります。株式は変動幅が大きいためリスクも高いといえますが、その分、収益も大きくなります。

また、投資と似て非なるものに投機があります。投資とは、将来の利益を見込んで、株や債券、不動産などの資産にお金を投じることです。一方、投機に当てはまるのはFXや暗号資産、先物取引などで、これらはタイミングを見計らって短期的に価格の変動を予測して取引をするため、常に値動きをチェックしていなければならず、元本保証もないので、大きなリスクを伴います。

Level up !

上級者向けの投資方法

投資に関する知識とそれなりの資産をもってから始めた方がよいのが、
「金」や「不動産」への投資。

＼ 利息はつかないが有事に強い ／

金

金は、現物がある限り価値がなくなることはない。金の価格は日々変動し、世界情勢が不安定になると相場が上がる傾向。

注意点

・現物を保管するときはセキュリティを高める

＼ 軌道にのればコンスタントな収入に ／

不動産

購入した不動産を売却して利益を得たり、賃貸で賃料を得たりする。不動産を管理する手間や費用もかかるので、知識がないと難しい。

注意点

・災害の影響を受ける可能性が
・修繕費、 固定資産税がかかる

初心者は注意！ ハイリスクな投機

暗号資産

価格変動が大きいため、それによる利益を狙うもの。価値が急落したり、業者と連絡がつかないなどのトラブルも多い。

FX

2国の通貨を交換する取引。元手がなくても少額の「証拠金」を担保に取引できるので、借金につながりやすい。

先物取引

商品をあらかじめ決めた価格で売買する取引。農作物など価格変動しやすいものが商品となるので、大損失を招くことも。

利率、利回り。「利益の割合」を理解する

〚投資スタイルで目標利回りも異なる〛

守りの投資	バランス型	攻めの投資
2％未満	2％以上5％未満	5％以上
低リスク・低リターンの投資。国債、預金、政府保証のある債券、バランス型の投資信託など。	中程度のリスク・リターンの投資。高格付けの企業債券、バランス型の投資信託、配当株など。	高リスク・高リターンの投資。新興国の株式や債券、不動産投資信託など。

リスク小 → リスク大

目標金額と、月々の積立金額から逆算して、必要な利回りを計算してくれるサイトもあります。

投資を始める際には、目標の資産額を何年かけて達成したいのかを考えます。その際、目安となるのが「利回り」です。利回りとは、投資元本に対する利息も含めた収益の割合のこと、つまり「利益の割合」です。

同じ目標資産額を利回り2％未満で運用する場合と利回り5％以上で運用する場合とでは、前者の方が月々の積立額は多くなりますが、リスクが低く安定志向といえます。

利回りと似た「利率」という言葉は、債券や預金に対して毎年受け取る利息（利子）の割合をいいます。

〘 利率と利回りは意味が異なるので注意 〙

「利率」と「利回り」は、どちらも投資で得られた利益の割合を表すものだが、どの範囲を指すかに違いがある。

Ex. 元金100万円を1年間運用し、利息5万円、売却差益2万円を受け取った。

＼＼ 利息だけでいくら儲かった？ ／／

利率 ＝ 5%

元本に対し、利息がどれだけ発生したか示す割合。この例なら、利息だけで元本の5％の利益を得たということ。

元金 100万円 ＋ 利息 5万円 ＋ 差益 2万円

利回り ＝ 7%

利息だけでなく、金融商品を売ったり買ったりした際の損益も含めた収益全体の割合。この例なら、全部で7％の利益を得たということ。

／／ 全部含めていくら儲かった？ ＼＼

債券などあらかじめ利率や利回りが示されている場合は、全体の儲けがわかる利回りの方を見て選択しましょう。

お金が2倍になるのはいつ？ 72の法則

「72の法則」で、元本がどのくらいの期間で2倍になるかを計算することができる。

72 ÷ 利回り（%）＝ お金が2倍になるまでにかかる年数

利回り3%の場合の例 72 ÷ 3 ＝ **24** 年

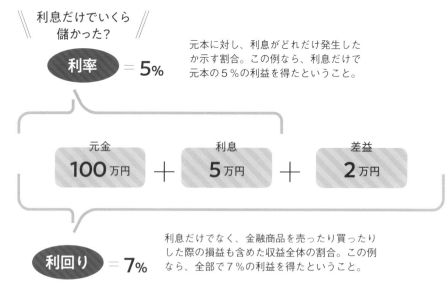

投資で出た利益からは税金や手数料が差し引かれる

〘20.315%の税がかかる〙

売却したときの利益「売却益」と、保有中に還元される「分配金」（株式の場合は「配当金」）の合計金額に対して税がかかる。

売却益+分配金 × 税率 20.315%

内訳

所得税率 15.315%
所得に対してかかる税。所得税15%に加え、2027年までは復興特別所得税0.315%がかかる。

住民税 5%
居住する市区町村や都道府県の維持のための税。

MEMO

「特定口座」を選べば確定申告をしなくていい

口座をつくる際に「特定口座」を選択すれば、証券会社が代わりに税金の計算・納付を行う。また、利益が20万円以下の場合やNISAの上限額内での投資でも確定申告は不要。

投資による利益は、丸ごと手元に残るわけではありません。利益に対して２０・３１５％が課税されるからです。

また、税のほかに、投資には購入時や売却時にコストがかかります。投資信託は複雑で、主に３つのコストが存在します（左ページ）。

近年はネット証券など手数料が比較的安価な証券会社も増えています。投資で得た利益から税とコストを差し引いてもプラスになるように計算し、資産を運用していくことが肝心です。

〚投資信託にかかるコストは主に3種類〛

投資信託では、販売会社・運用会社・信託銀行がそれぞれの専門性をいかして投資家の資産を管理・運用しているので、手数料が多くかかる。

投資家

投資信託を購入する。

▼

販売会社

投資家への投資信託の販売、質問の対応などを行う。

▼

運用会社

投資信託の内訳などを決定し、資金の運用の指示を出す。

▼

信託銀行

投資家から集めた資金を保管・管理する。

コスト1

＼＼ 買うとき ／／

販売手数料

投資信託を購入する際に、販売会社に支払う手数料のこと。金融商品によって異なるが、0.5～３％が相場。ネット銀行なら手数料が安い。

コスト2

＼＼ 運用中 ／／

信託報酬

投資を担当する運用会社に報酬として支払う手数料。信託報酬は、投資信託を保有している間は常にかかる手数料で、年率0.2～２％が相場。

コスト3

＼＼ 売るとき ／／

信託財産留保額

投資信託を途中で解約する際にかかる費用。解約時に解約代金から差し引かれる。差し引かれないファンドも多い。

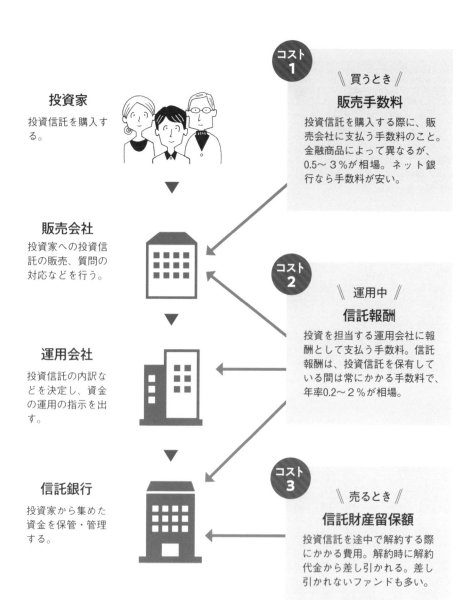

リスクを最小限にする投資の三大原則「分散」「長期」「積立」

〚“分散”投資で有事のリスクを下げる〛

大金を一つの金融商品に一度に投資するのはリスクが大きい。
さまざまな金融商品に投資してリスクを分散させる。

＼分散していなかったら／

資産すべてを同じ場所に投資していた場合、何かあれば全資産が影響を受ける。

＼分散していれば／

資産を分散して投資していれば、一つに何かあっても、無事だったほかの資産で補填できる。

〈分散のしかた〉

Ex.) 資産クラスを分散

株式、債券、投資信託など異なる金融商品に分けて投資する。

Ex.) 地域を分散

一つの国の資産だけに投資しない。国内だけでなく、海外の企業の株ももつなど。

Ex.) 時間を分散

一括で大口を購入せず、長期間で少しずつ購入する（→ドル・コスト平均法：P90）。

投資に必勝法はなく、リスクはつきものです。とはいえ、運用の方法を工夫することで、リスクを減らすことはできます。それが「分散」「長期」「積立」という鉄則です。

分散投資とは、複数の金融商品に投資をしてリスクを分散させる方法です。その時々の経済や国勢によって金融商品の価値は変動します。株式や債券、国内と海外など、価値が上下するタイミングが異なる商品に投資をするのです。

長期投資とは、数年や数十年にわたって商品をもち続けることで、長

〚"長期"投資で複利の効果を最大限に〛

保有している金融商品の価値が上がってもすぐには売らず、
得た利益を運用に回した方が、長期的には利益が大きくなる。

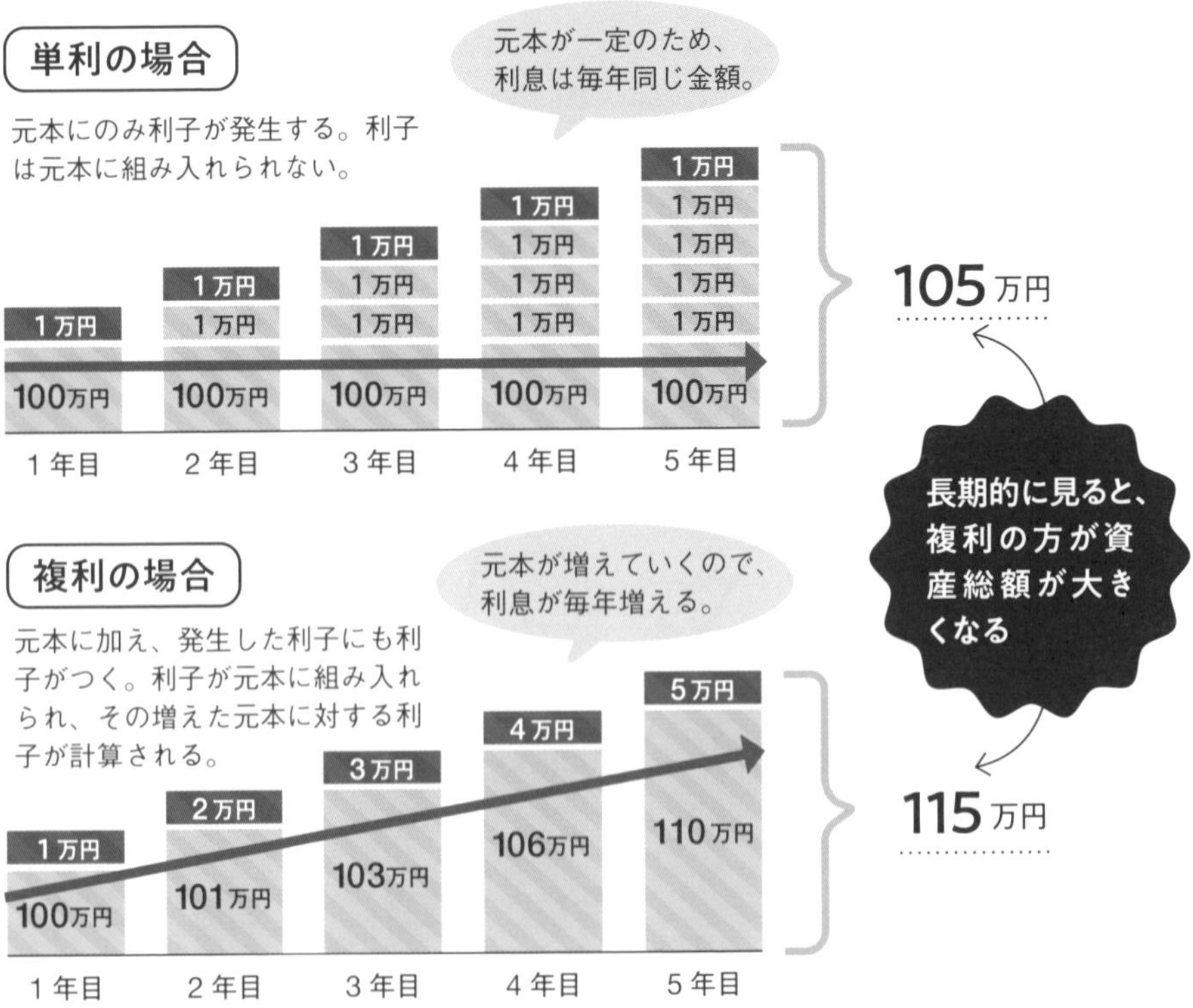
単利の場合
元本が一定のため、
利息は毎年同じ金額。
元本にのみ利子が発生する。利子は元本に組み入れられない。
1万円
100万円
1年目
2年目
3年目
4年目
5年目
105万円
長期的に見ると、複利の方が資産総額が大きくなる
複利の場合
元本が増えていくので、
利息が毎年増える。
元本に加え、発生した利子にも利子がつく。利子が元本に組み入れられ、その増えた元本に対する利子が計算される。
1万円
2万円
3万円
4万円
5万円
100万円
101万円
103万円
106万円
110万円
115万円

期的な価値の値上がりを期待する方法です。一定期間保有することで、その間の売却益や配当、利子を得たり、株主優待などの恩恵を受けることができます。すぐに大きなリターンを得られるわけではなく、保有中は運用コストがかかりますが、低リスクで安定した投資ができます。

積立投資とは、分散投資の方法の一つで、時間によるリスク軽減効果の高い方法です。例えば「月々2万円」など常に一定額を投資することで、最終的に平均購入価格を抑えることができます。これをドル・コスト平均法と呼びます。価値が上がったり下がったりといった値動きを日々気にしなくてもよいので、投資の初心者に向いています。

〚“積立”投資で平均購入単価を抑える〛

積立投資での購入数は、価値が高いときは少なく、価値が低いときは多くなる。
長期的には定量購入に比べて多く購入できる。これをドル・コスト平均法という。

一括購入　まとまった資金で、一度に大量に購入する方法。

10万円で
合計1000口購入 ➜ 1口あたり
100円で購入できた

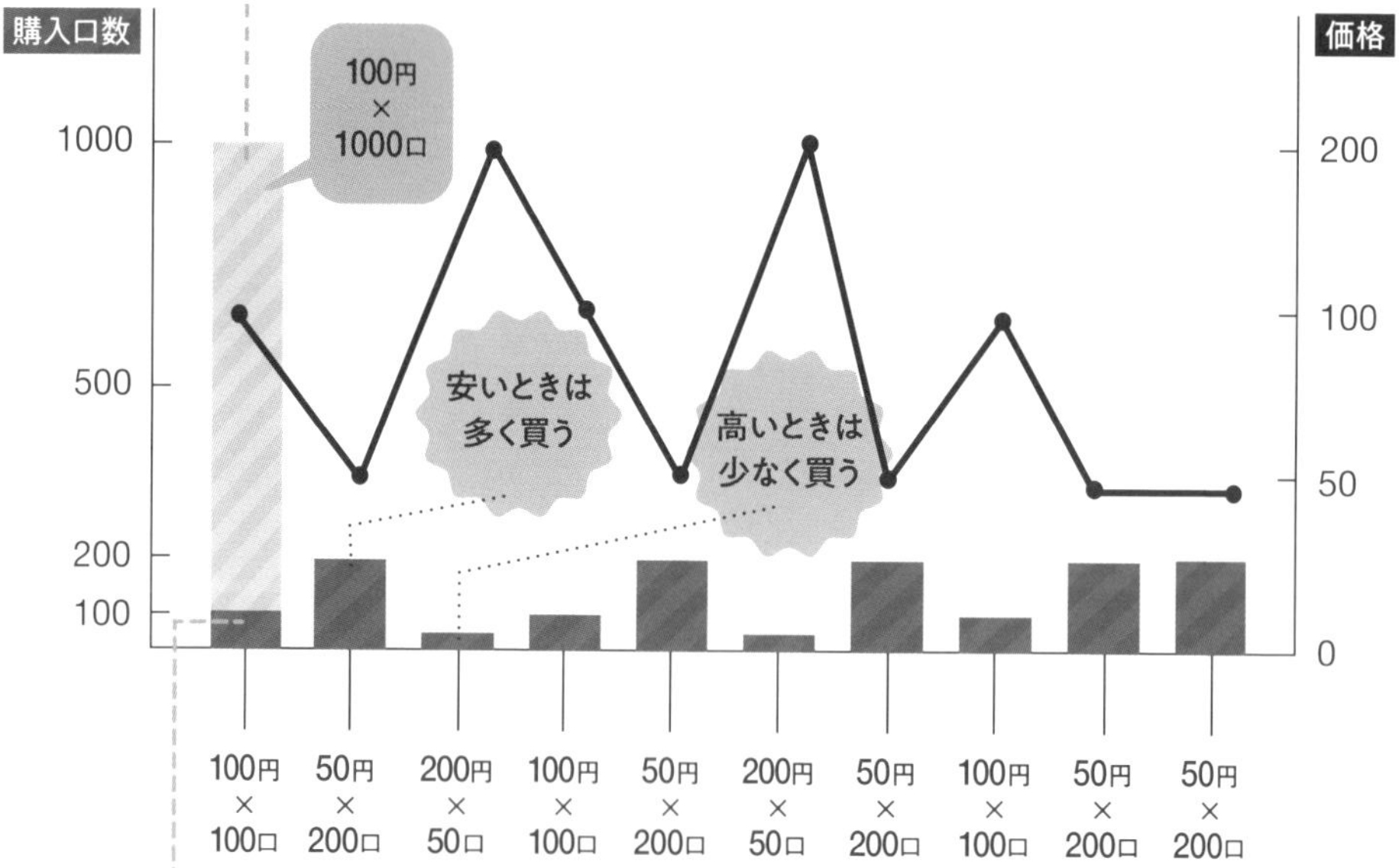

分割購入　毎月同じ金額で、買える分だけを毎月購入していく方法。

10万円で
合計1400口購入 ➜ 1口あたり
71.4円で購入できた

Level up !

投資のリスクを知る

投資にはさまざまなリスクがあります。気にし過ぎるのもよくありませんが、投資を始める前に、きちんと知っておきましょう。

価格変動リスク

購入した金融商品の値段が大きく下がるなど、価格の変動によるリスクのこと。会社の業績や経済全体、また特定の業界の景気動向などが原因。

為替変動リスク

外国為替相場の変動によるリスク。外貨建て資産に投資をした場合、円高になると価値が下がり、円安になると価値が上がる。

流動性リスク

すぐに換金できなかったり、中途解約手数料がかかったりするなど、希望する価格や時期に売却できない（資産の流動性が低い）ことによるリスク。

カントリーリスク

投資対象の国や地域の環境が変化し、価格が大きく下がるリスク。金融危機や自然災害、戦争・内乱などの政情不安が主な原因として挙げられる。

信用リスク

債券などを発行している国や会社が財務状況の悪化や倒産などにより、元本や利息を払えなくなるリスク。

金利変動リスク

金利の変動により資産価値も変動するリスク。市場の金利が上がっていると、債券価格は下がる。

＼ 手軽にチャレンジできる ／

ポイント投資から始めてみよう

最近注目されているのが、買い物などをするときに貯まるポイントを使った「ポイント投資」です。現金の代わりに、貯まっているポイントを使って投資をすることができるので、初めて投資をする人でも、お試し感覚でチャレンジしやすいのが魅力です。

ポイント投資といっても、基本的な流れは通常の投資と同じです。株式や投資信託などの金融商品を購入するために証券口座を開設し、資産運用で得られる分配金や配当金、売却益は現金で受け取ります。ただし、通常の投資に比べると、投資先の選択肢は少なめになります。

ポイント投資のメリットは、資金を用意しなくてもよいこと、まとまったポイントがなくても少しのポイントで始められること、もし損失が出ても現金を投じたわけではないので経済的なダメージが少ないこと、などが挙げられます。投資を始めてみたいけれどハードルが高いと感じている人は、ポイント投資から始めてみるのもよいでしょう。

また、似ているものに「ポイント運用」があります。これは、ポイントをポイントのまま運用する仕組みで、運用会社が投資者の代わりに運用を行います。口座開設は不要です。あくまでもポイントを増やすためのものなので、運用をやめた場合にはポイントを引き出します。分配金や配当金を現金で受け取ることはありません。

〖ポイント投資の仕組み〗

以下では「ポイント投資」について解説する。ポイント運用（右ページ）の場合は、証券口座を開設する必要がない。

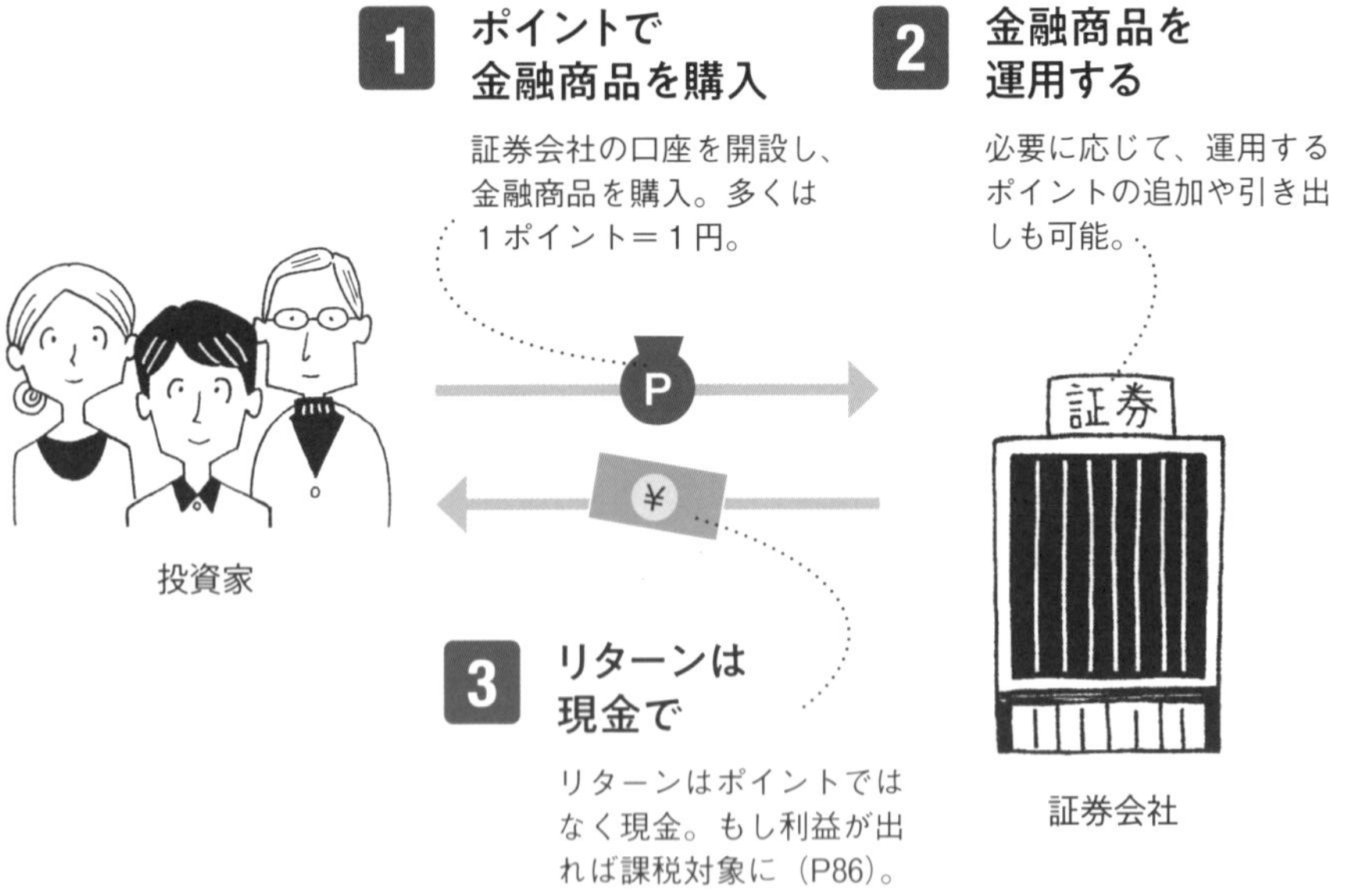
1 ポイントで金融商品を購入
証券会社の口座を開設し、金融商品を購入。多くは1ポイント＝1円。
2 金融商品を運用する
必要に応じて、運用するポイントの追加や引き出しも可能。
P
¥
証券
投資家
証券会社
3 リターンは現金で
リターンはポイントではなく現金。もし利益が出れば課税対象に（P86）。

STEP1

ポイントサービスに登録

楽天ポイント、Vポイント、dポイントなど、ポイント投資ができるポイントサービスに登録。すでにポイ活を行っている人は、ポイント投資できるかをチェック。

↓

STEP2

証券口座の開設

本人確認書類や金融機関の普通口座など口座開設に必要なものを揃える。証券会社によってはポイント投資でNISAを利用でき、NISA口座を同時に開設することもできる。

↓

STEP3

ポイントで商品を買い付け

保有しているポイントで、投資信託、株式、ETF（上場投資信託）、REIT（不動産投資信託）などの金融商品を購入する。

知らないと損することも

社会経済のおさらい

投資を始めるなら、基本的な社会経済の仕組みを知っておく。
経済の動きに敏感になることで、失敗するリスクも少なくなる。

お金のめぐりのスピード　好景気と不景気

好景気のサイクル
需要が増え物の値段が上がる
これがインフレ(P96)
会社の売上が伸びる
従業員の賃金が上がる
物が売れる
給料
世の中のお金のめぐりのスピードが速くなり、経済が活性化している状態。

金融商品の値動きは経済と密接に関係しています。基本的な社会経済の仕組みを知らずに投資をすると損をしてしまうことになります。反対に、経済の動きに敏感になっていると、よいタイミングで金融商品を売買することができ、大きく資産を増やせることもあります。

その経済の動きを意味する言葉が「景気」です。好景気のときは、お金が市場に回って経済が活性化します。会社は事業拡大のために銀行から借り入れをするので、銀行の収益も上がります。

不景気のときには、その逆のことが起こり、経済全体が停滞します。好景気と不景気は繰り返しています。

〈好景気・不景気は繰り返す〉

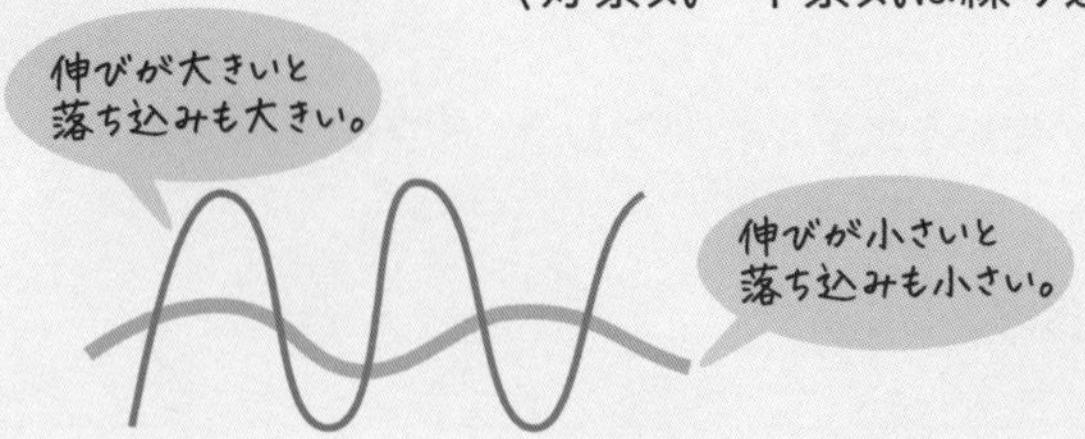
伸びが大きいと
落ち込みも大きい。
伸びが小さいと
落ち込みも小さい。

好景気・不景気のどちらかがずっと続くことはなく「景気循環」を繰り返す。好景気の頂点を「山」、不景気の底を「谷」と呼び、また景気変動や景気の波という。

不景気のサイクル
物が売れない
需要が減り物の値段が下がる
これがデフレ（P97）
会社の売上が落ちる
従業員の賃金が上がらない

世の中のお金のめぐりのスピードが遅くなり、経済が停滞している状態。

自分でcheck!

“基調判断”で動向を見る

基調判断とは、内閣府が毎月発表する景気動向指数という指標に基づき、**現在の景気状況を簡潔に表現したもの**。主に右の5つに分類され、毎月発表される**「月例経済報告」**で確認することができる。ニュースなどでも報道される。

- 改善
- 足踏み
- 局面変化
- 悪化
- 下げ止まり

景気上向き ↑ ↓ 景気下向き

物の値段の変動を表す　インフレとデフレ

＼＼ おだやかなインフレが一番好ましい //

インフレ

物の値段が上がっている状態

物の値段（物価）が持続的に上昇し、お金の価値が相対的に下がる現象のこと。好景気（P94）の循環に伴って発生する。適度なインフレは経済の成長の一部として望ましいが、過度なインフレは通貨の価値が大きく下落し経済に悪影響をおよぼす。

バナナ一房 **200**円

メリット	・賃金が上がる ・資産が増えやすい ・景気が良くなる
デメリット	・物価が高くなる

自分でcheck!

“消費者物価指数”で動向を見る

消費者物価指数は、**日常的に購入する商品やサービスの価格の変化を示す指標**。食料品、衣類、住宅費、医療費、教育費など日常生活に必要なさまざまな商品・サービスの価格が収集され平均される。期間Aの消費者物価指数が「100」、その次の期間Bの消費者物価指数が「102」なら、前期比＋２％となる。消費者物価指数の変動を追うことで、物価の変動がわかり、**インフレ率・デフレ率を知ることができる**。

消費者物価指数は、総務省統計局の公式ウェブサイトで確認することができる。（URL：https://www.stat.go.jp/data/cpi/）

一度悪循環にはまると抜け出しづらい

デフレ

物の値段が下がっている状態

物価が持続的に下落し、お金の価値が相対的に上がる現象のこと。不景気（P95）の循環に伴って発生する。デフレは経済成長を妨げるため、望ましくない状況とされる。

メリット
・物が安く買える

デメリット
・賃金が減る
・景気が悪くなる
・資産が増えにくい

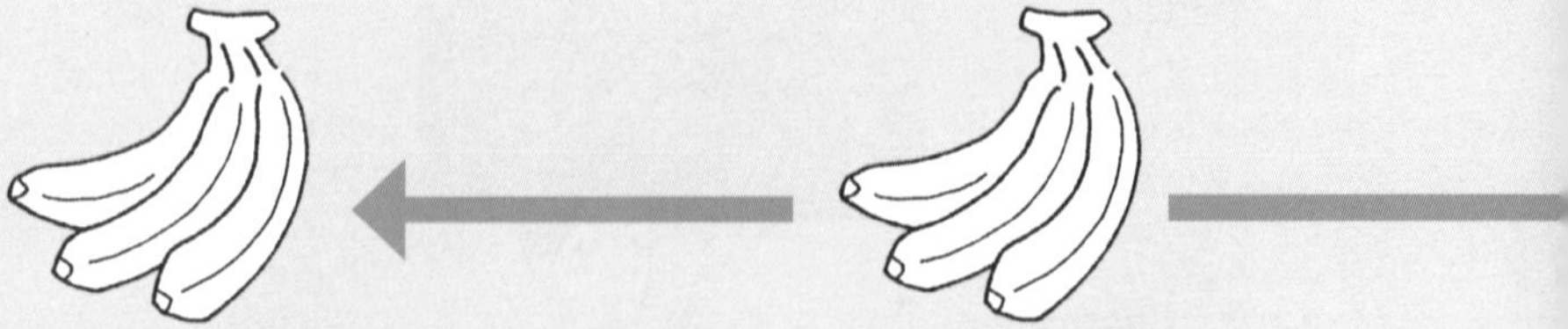

バナナ一房 100円

バナナ一房 50円

好景気のときは、需要が供給を上回り、物の値段が継続的に上昇します。これをインフレ（インフレーション）といいます。インフレになると、例えばいままで100円で買えていた物が、200円払わないと買えなくなるなど、お金の価値は下がります。これとは反対に、不景気の結果、物の値段が継続的に下がる状況をデフレ（デフレーション）といい、デフレになるとお金の価値は上がります。

リーマンショック後のように、不景気が続いて消費が停滞し、物の値段の低下に歯止めがきかなくなってさらに景気が悪化することをデフレスパイラルといいます。こうなってしまうと、デフレから脱却することが難しくなります。

日本円と外国通貨の交換割合　円高と円安

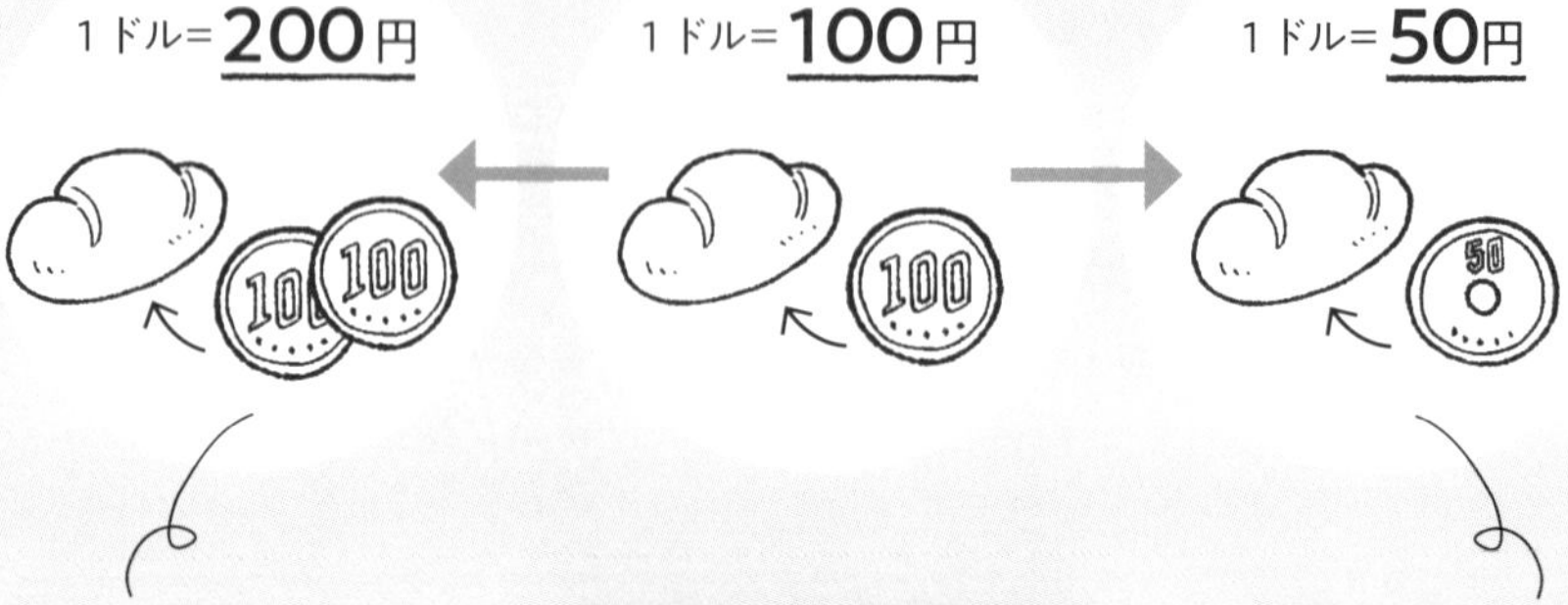

＼＼ 円の価値が低くなる ／／

円安

「いままで1ドルのパンが100円で買えていたのに、200円出さないと買えなくなった」この状況は、ドルに比べ円の価値が安くなっているので、「円安」となる。「円安ドル高」ともいわれる。

値が高くなった（1ドル＝200円）ので円高、値が低くなった（1ドル＝50円）ので円安、と間違える人が多いので注意。

＼＼ 円の価値が高くなる ／／

円高

「いままで1ドルのパンを100円で買っていたが、50円で買えるようになった」この状況は、ドルに比べ円の価値が高くなっているので「円高」となる。「円高ドル安」ともいわれる。

景気だけでなく、為替も経済に大きく影響します。ドルなどの外国通貨に対して日本円の価値が高くなることを円高、日本円の価値が安くなることを円安といいます。

円高になると海外のものを安く買えるようになるので輸入には有利ですが、過度な円高となると日本の輸出企業は国際競争力が弱まってしまいます。

反対に、過度な円安のときには多くの輸入品の価格が上昇するので、家計にダメージがおよびます。

為替の変動は、国内外の企業の株価や債券価値に影響します。投資先が国内外にかかわらず、投資を始めたらこうした経済の動きをニュースでチェックしておきましょう。

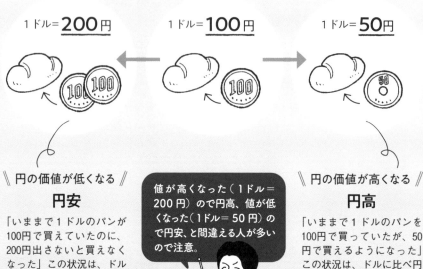

4章

＼＼ 投資の一歩をふみ出す //

NISA・iDeCoだけで、資産3,000万円を目指す!

4章

NISA・iDeCoだけで3,000万円を目指す!

いよいよお金を増やす方法を紹介します。初心者に最適なのは、ＮＩＳＡです。ＮＩＳＡは若い人向きの投資という印象をもたれがちですが、中高年から始めても遅くはありません。投資金額を増やしたり、高いリターンが望める金融商品を購入すればよいのです。ただし、そのような商品を選ぶには知識と経験が必要です。

数十年前の話ですが、アメリカで高齢女性が投資で大成功を収めました。その女性は夫を亡くして一人暮らしとなった後、新聞を読んで経済に興味をもち、投資を始めました。スーパーマーケットでは、自分の目の高さに陳列されている商品は売れ筋であると判断し、実際に買って食べてみて、おいしいと思ったらその会社を調べてから株を買いました。その結果、高いリターンを得ることができたのです。彼女のように、日頃から情報をキャッチして、アンテナを張っておくことが大切です。

ＮＩＳＡのほかには私的年金のｉＤｅＣｏもおすすめ。これらを組み合わせれば、老後資金３０００万円も夢ではありません。実際に３０００万円を貯蓄するためのシミュレーションも紹介します。老後を安心して過ごすためにも、いまからしっかり資産形成に取り組みましょう。

この章でできるようになること

- ☑ NISAの基本的な仕組みがわかり、初心者でも投資をスタートできる ⇒P104～121
- ☑ iDeCoを始めるまでの手順がわかり、今後の運用も学べる ⇒P122～139
- ☑ 将来に向けて、資産づくりの計画を立てられる ⇒P140～143

NISAとiDeCo、両方とも始めた方がよいでしょうか？少ない月給の中からいくらくらい出せばよいですか？

20代の会社員ならまずはNISAだけでもよいでしょう。毎月1万円でも積み立てていけば、60歳になる頃にはまとまった資産を築けるでしょう。投資なので絶対にそうなるとはいえませんが、過去のデータから可能性を探ることはできます。

まだ子どもの教育費がかかるなかで、効率よくNISAを続けるコツが知りたいです。

つみたて投資枠と成長投資枠を併用して、後者の方で積極的な投資をするのもよいでしょう。夫婦それぞれでNISA口座をもち、別の金融商品を買うという作戦も。家庭内でNISAや投資について気軽に話をすることで、子どもの金融教育にもつながります。

50代からNISAとiDeCoで資産をつくれるものでしょうか。また、iDeCoを始めるには遅いような気がしますが……。

教育費や住宅ローンが落ち着いてくる50代は、資産の築きどきです。iDeCoは一度始めたら途中解約や引き出しができないため、強制的に年金を増やせます。これで安心を得ておき、NISAで積極的な運用をしてみるとよいでしょう。

近い将来お金を引き出す予定ならNISA。老後資金にするならiDeCo。

NISAもiDeCoも、資産形成するための国の制度で、税制優遇があるという共通点はあるものの、2つの制度はまったく別のものです。

NISAは「少額投資非課税制度」で、運用時のみ非課税となり、いつでもお金を引き出せます。iDeCoは「個人型確定拠出年金」で、積立時や受け取り時にも所得控除が受けられますが、原則として60歳以上にならないと引き出せません。結婚費用や教育費などでお金を引き出す予定があるなら前者、老後資金にするなら後者が向いています。

〚自分に合うのはどちら？〛

- □まとまった資金がない
- □近い将来、引き出す予定がある

⇓ NISA

- □老後資金として蓄えたい
- □自営業などで退職金をもらえない
- □20年以上は積み立てるつもり

⇓ iDeCo

- □資金に余裕がある
- □税制優遇の恩恵を最大限受けたい
- □備えを万全にしたい

⇒ NISAとiDeCoの併用

〚一目でわかるNISAとiDeCoの特徴〛

	NISA	iDeCo
利用できる人	18歳以上	20歳以上65歳未満かつ国民年金被保険者
投資できる期間	いつでも	65歳になるまで
投資の上限額	つみたて投資枠：年120万円 成長投資枠：年240万円 生涯投資枠：1,800万円	年14.4万円~81.6万円
投資できる商品	つみたて投資枠:国が厳選した投資信託、ETF（上場投資信託） 成長投資枠：株、投資信託、ETF、REIT（不動産投資信託）	投資信託、定額預金、生命保険
投資方法	積立・一括どちらも可能	積立のみ
非課税保有期間	無期限	資産を受け取るまで （受け取り開始は60~75歳の間）
税制	運用益非課税	全額所得控除 （受け取り終了まで運用益非課税、受け取り時に税控除あり）
資金の引き出し	いつでも可	60歳から可。ただし、最初の掛け金を拠出してから10年以上経過していること
口座開設手数料	無料	2,829円（税込）
口座管理手数料	無料	年2,052円（月171円）~ ※金融機関によって異なる
最低拠出額（掛け金）	制限なし	月5,000円~

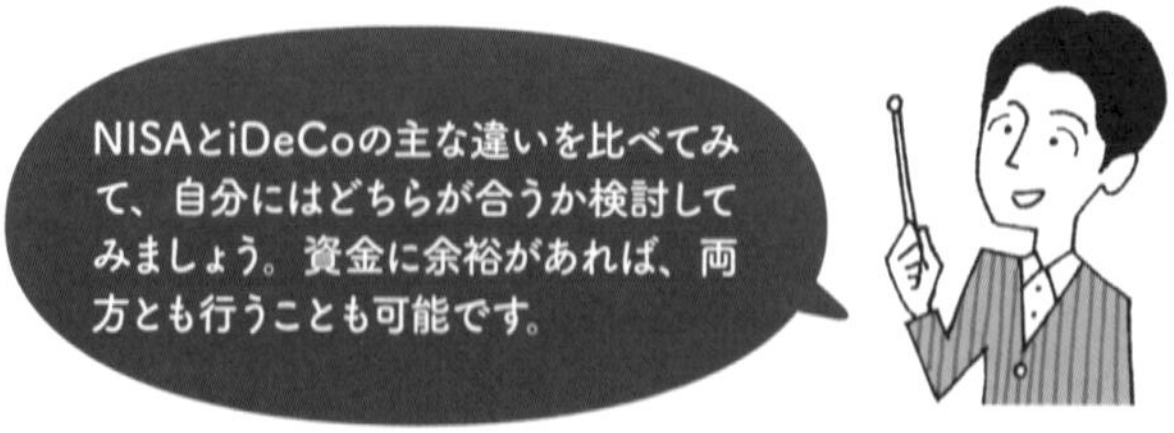
NISAとiDeCoの主な違いを比べてみて、自分にはどちらが合うか検討してみましょう。資金に余裕があれば、両方とも行うことも可能です。

運用で得られた利益が非課税になる制度。新制度になってよりパワーアップ

NISAは、これから投資を始めてみたいという人におすすめの制度です。その理由は、少額から投資できることと、運用で得られた利益が非課税になることです。一般の投資では、金融商品で得た利益には約20%の税金がかかりますが、これが非課税となることで、利益をそのままの額で受け取れるのです。

とはいえ、無制限に非課税となるわけではありません。非課税で保有できる金額には上限が設定されています。また、1年間に投資できる金額の上限もあります。このような決

〚NISAの6つのポイント〛

1 非課税保有期間が無期限

現行NISAの大きな魅力は、非課税保有期間が無期限になったこと。旧NISAでは、「つみたてNISA」は20年間、「一般NISA」は５年間で、それ以降は課税対象だった。

2024年からは「つみたて投資枠」「成長投資枠」ともに年数に関係なく利益が非課税となったため、より長期的に資産を運用しやすくなったといえる。

2 口座開設期間が恒久化

NISAの制度が変わった背景には、国の「貯蓄から投資へ」というねらいがある。より多くの人が資産運用を始めやすくするため、時限的な制度であった旧NISAを改革し、口座開設期間に期限を設けず、制度を恒久化した。

このことで、いつでも好きなタイミングでNISAを始めることができ、なおかつ長期的に利用しやすくなった。

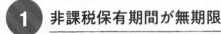

3 つみたて投資枠と成長投資枠の併用が可能

旧NISAでは「つみたてNISA」か「一般NISA」のどちらか一方しか利用できなかったが、現行NISAでは「つみたて投資枠」と「成長投資枠」を併用できるので、より大きな資産を築けるようになった。

4 年間投資枠が拡大

年間投資枠の上限が大幅に引き上げられた。そのうえ、2つの投資枠を併用できるので、年間に最大で360万円まで投資が可能になった。投資の元本を大きくすれば、その分、大きな利益が期待できる。

旧 NISA		新 NISA
つみたて NISA 40万円	UP →	つみたて投資枠 120万円
一般 NISA 120万円		成長投資枠 240万円

5 非課税保有限度額が新設された

無制限に非課税となるわけではなく、生涯を通じての非課税保有限度額が新たに設けられた。2つの投資枠を合わせて1,800万円が上限で、このうち成長投資枠は1,200万円が上限となっている。

6 非課税保有限度額の再利用が可能

非課税保有限度額に達しても、金融商品を売却すれば、その空いた分は翌年に再利用できる（詳しくはP108）。うまく運用すれば、次々と投資ができ、資産を大きくできる。

まりはあるものの、旧NISAより非課税保有限度額も年間投資枠も拡大したので、より大きな資産を形成しやすい仕組みになったといえます。

プラスα

旧NISAの口座はどうすればいい？

以前に開設したNISA口座をほったらかしにしているが、今度こそ投資を始めたい、という人はどうしたらよいのでしょうか。旧NISAと新NISA（現行）は口座が別になりますが、2023年末の時点で旧NISA口座をもっていたなら同じ金融機関で自動的に新NISA口座が開設されていることが多いです。まずは確認してみましょう。旧NISAで金融商品を保有していた場合は非課税保有期間が終了するまでは保有可能です。

長期的に安定した投資ができる、つみたて投資枠から始めてみる

NISAには2つの投資枠がありますが、初心者はつみたて投資枠から始めるとよいでしょう。つみたて投資枠の対象商品は、金融庁が選定した比較的リスクの低い長期運用に適した投資信託が中心です。数は限られますが、限定されている分、初心者でも選びやすいといえます。

また、手数料が低く、値動きが安定している商品が多いのも魅力。少額から投資できるので、毎月の給料から1万円など負担にならない範囲でコツコツと続けることで、着実に資産を増やすことができます。

〚つみたて投資枠の対象商品〛

つみたて投資枠の対象商品は計300本（2024年10月１日時点）。金融庁の条件をクリアした株式投資信託とETF（上場投資信託）に限定されている。

		国内	国内外	海外
公募投信	株式型	56本（31本）	29本（2本）	80本（31本）
	バランス型	5本（2本）	120本（36本）	2本（1本）
ETF		3本（0本）	—	5本（0本）

※（　）内の数字は、届出開始当初（2017年10月２日）の商品数

出典：金融庁ウェブサイト（https://www.fsa.go.jp）

〚コツコツ長期運用でも資産はつくれる〛

NISAのつみたて投資枠で長期運用した場合、想定利回り（年率）３％で計算すると、月１万円×40年間では926万円に、月３万円×20年間では985万円になる。

※金融庁「つみたてシミュレーター」（https://www.fsa.go.jp/policy/nisa2/tsumitate-simulator/）
を利用して編集部でシミュレーションを作成。将来の結果を予測し、保証するものではありません。

月1万円×40年 ➡ 926万円!

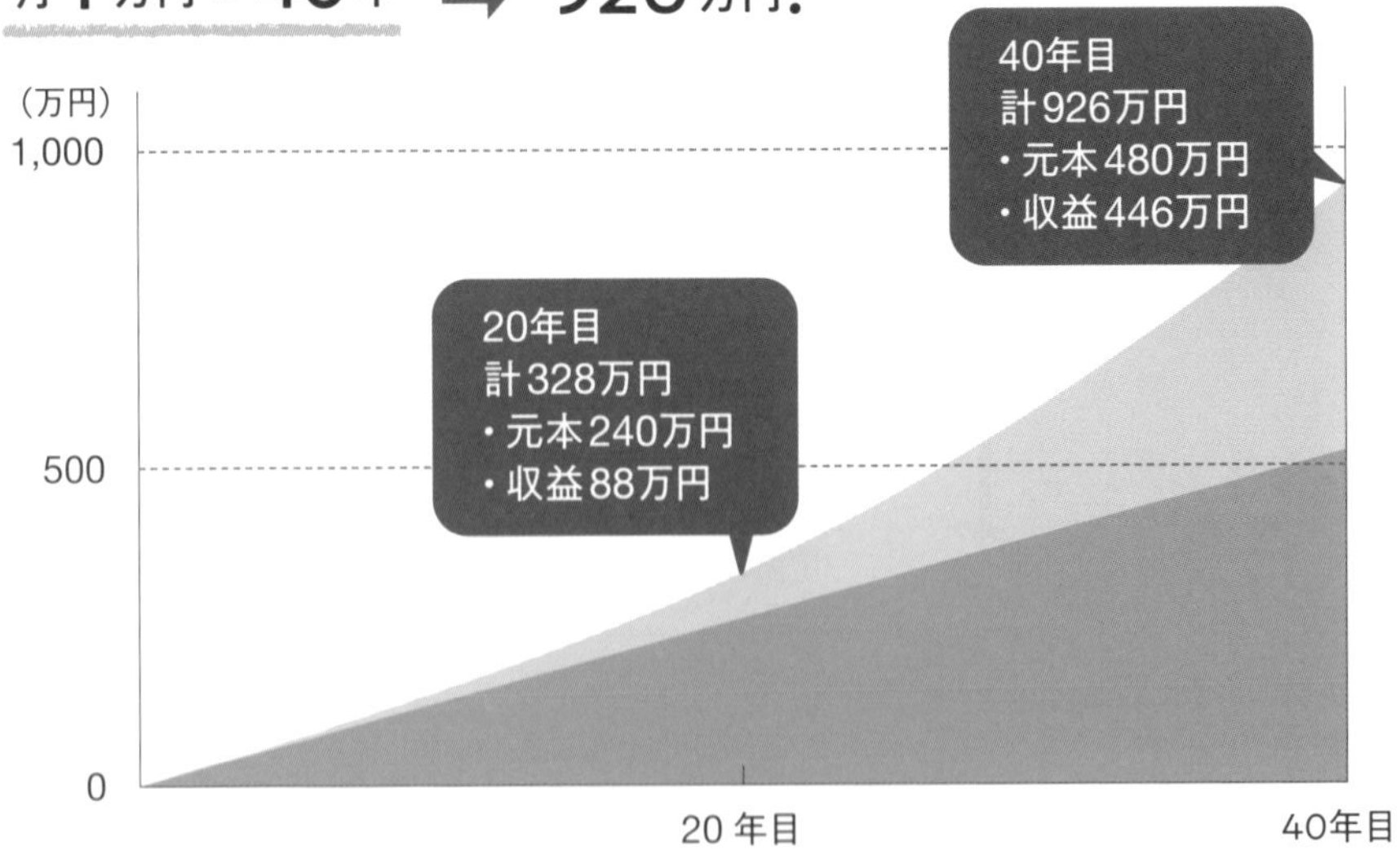

月3万円×20年 ➡ 985万円に!

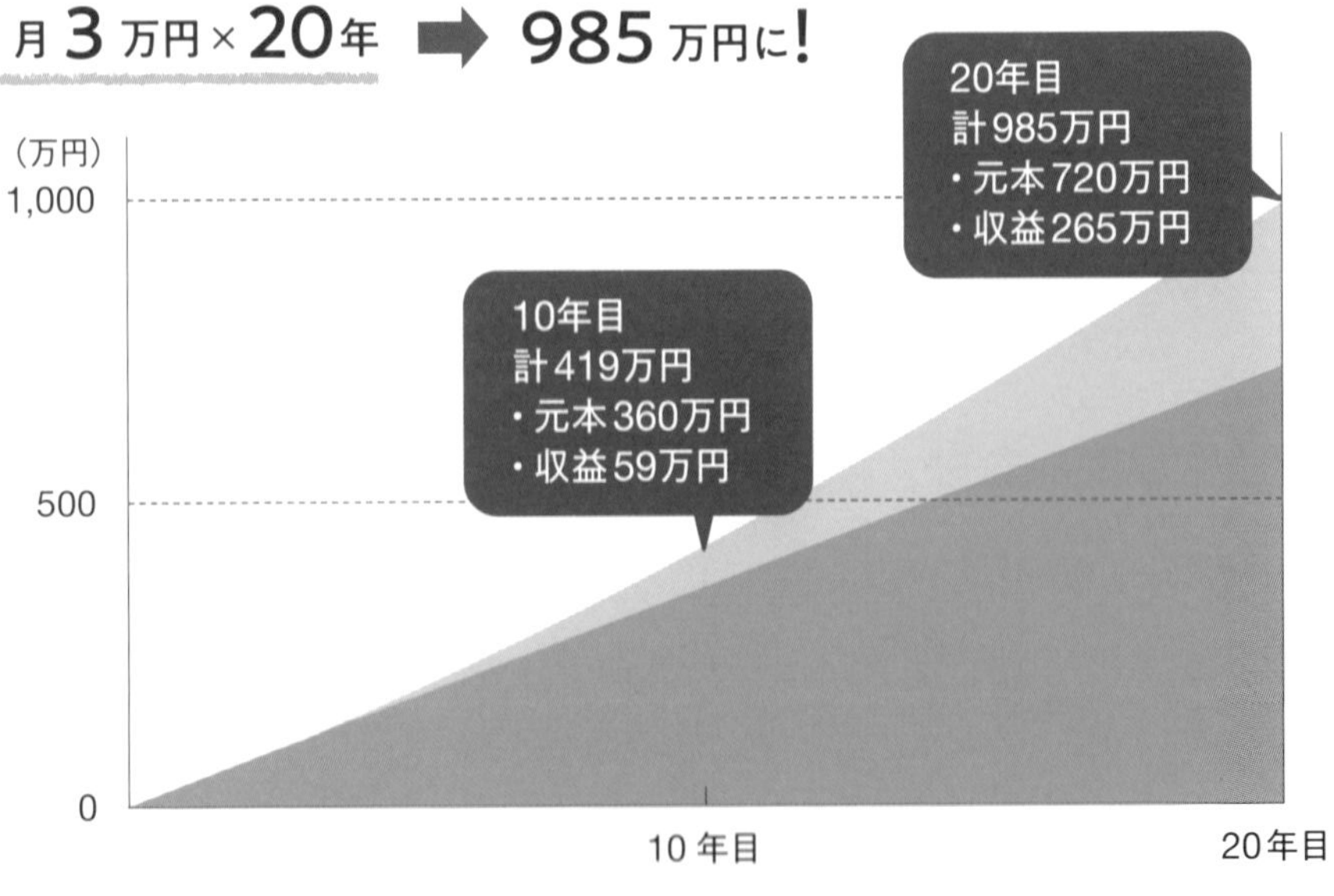

生涯非課税枠をフル活用して人生100年時代に備える

〖非課税枠は復活する〗

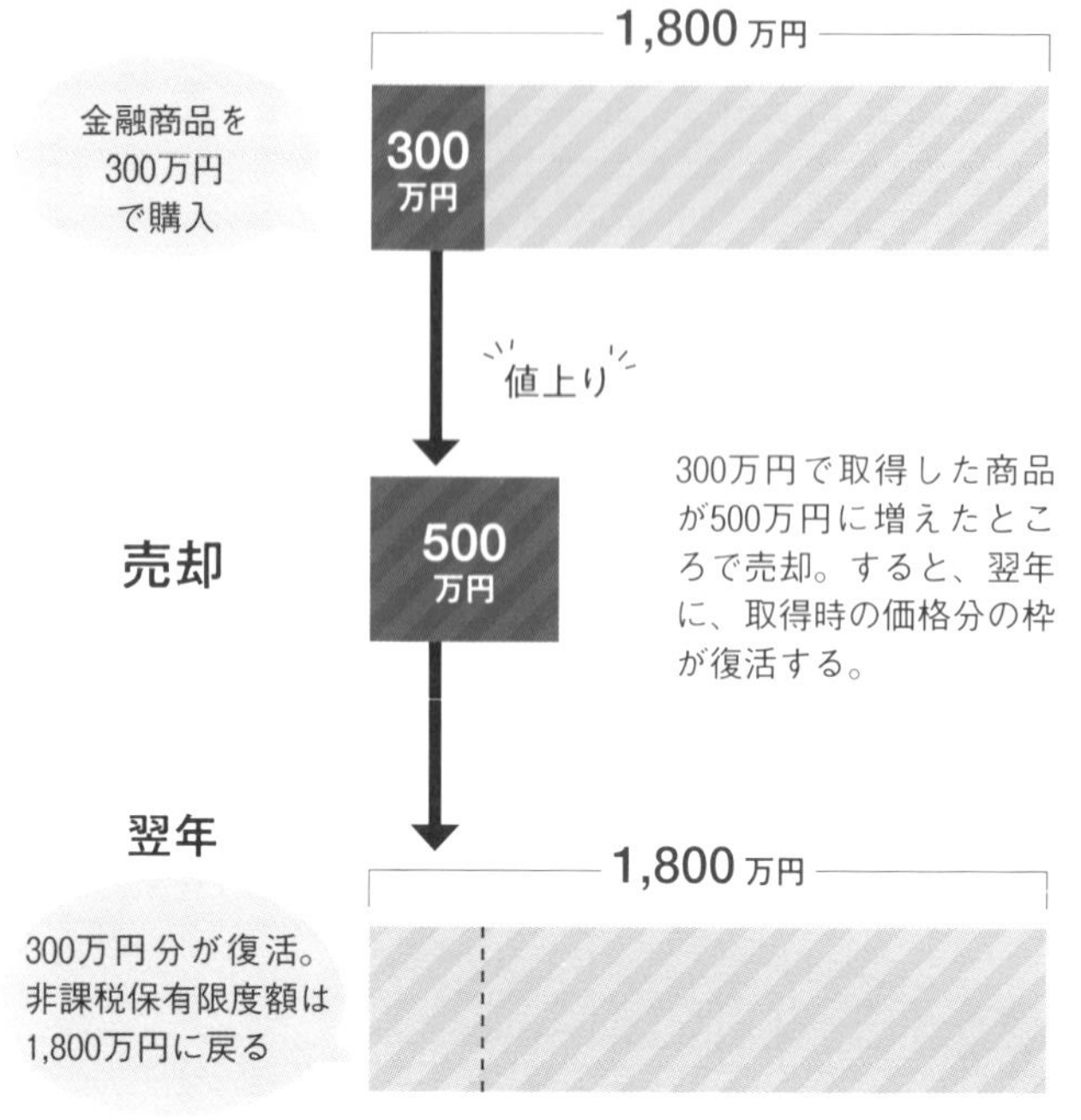
1,800万円
金融商品を
300万円
で購入
300
万円
値上り
売却
500
万円
300万円で取得した商品が500万円に増えたところで売却。すると、翌年に、取得時の価格分の枠が復活する。
翌年
1,800万円
300万円分が復活。
非課税保有限度額は
1,800万円に戻る

ＮＩＳＡでは、生涯を通じて１８００万円までは非課税で金融商品を保有できます（非課税保有限度額）。この金額はつみたて投資枠と成長投資枠を合計した限度額ですが、つみたて投資枠だけで１８００万円を使い切ることもできます。

非課税保有限度額（非課税枠）の特徴は、保有している金融商品を売却すると、翌年、買い付けた金額分が復活することです。

ただし、年間投資枠にも上限があり、つみたて投資枠だけを利用する場合は年間120万円までとなります。

〚1,800 万円が埋まるまで積み立てると資産はいくらになる？〛

● 毎月 5 万円（年間 60 万円）× 30 年= 1,800 万円

NISA（新NISA）のつみたて投資枠での平均利回りは年率３〜10%なので、３%の場合と９%の場合でシミュレーションをしてみた結果を表示。

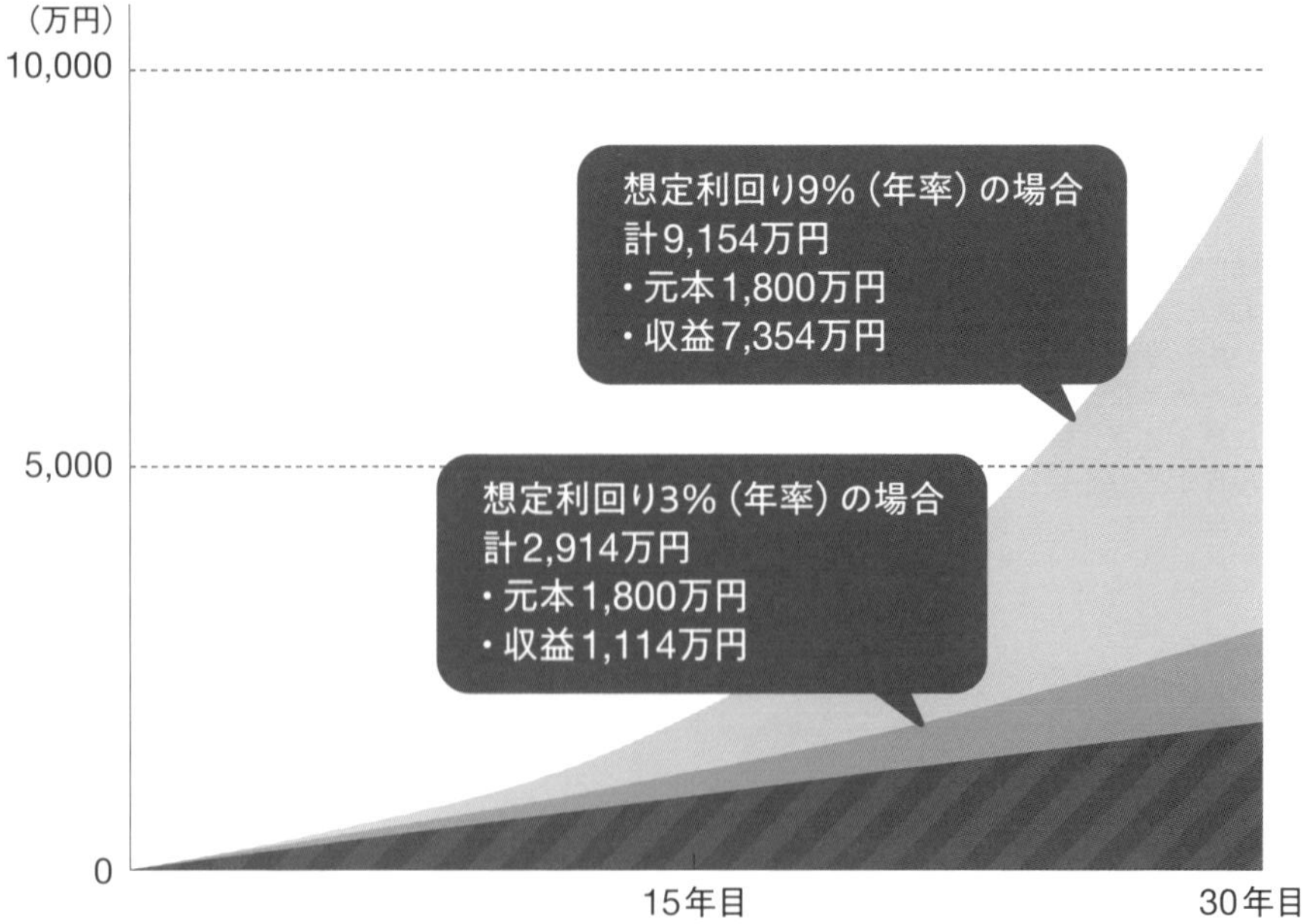

※シミュレーション結果は、金融庁「つみたてシミュレーター」（P107）を利用して編集部で作成。
将来の結果を予測し、保証するものではありません。

したがって、毎月10万円（年間120万円）の投資を15年間続ければ最短で非課税枠を使い切ることができます。とはいえ、現実的に毎月10万円の投資は厳しいという人は、1万円でも2万円でも無理なく続けて、老後の蓄えをつくりましょう。

さて、実践！

1,800万円を何年で埋めるか?

・毎月＿＿＿＿＿＿万円（a）

・年間＿＿＿＿＿＿万円（a × 12 = b）

・＿＿＿＿年（1,800 ÷ b）

非課税保有限度額は最大限に利用したいもの。あなたは毎月いくら投資に回せるのか、その場合、何年で1,800万円に達するのかを計算してみましょう。

元本割れのリスクがあるほか、NISAは損益通算ができない

幅広い人が利用できる資産形成の手段としてNISAはおすすめですが、投資である以上、元本割れのリスクはつきものです。長く続けることで資産を増やせる可能性が高いとはいえ、絶対に損をしないとは言い切れません。

また、注意点としては、NISAのメリットである非課税投資枠を使い切れない可能性もあること、損益通算・繰越控除できないことも挙げられます（図解参照）。NISAを賢く運用するには、リスクや注意点を理解しておくことが不可欠です。

●元本割れの可能性がある

NISAの対象商品は比較的低リスクだが、投資信託には値動きがあるので、元本の保証はない。10年以上の長期投資であれば米国株式や全世界株式のインデックスファンドがおすすめ。５〜10年くらいなら株と債券が組み合わさったバランス型ファンドがリスク分散できておすすめ。

●非課税投資枠を使い切れないことも

NISAのメリットは非課税で投資できることで、年間で360万円（つみたて投資枠120万円、成長投資枠240万円）まで投資できる。使い切れなかった場合、その分を翌年にもち越すことはできない。そのため、非課税で投資できる枠を余らせるのはもったいないように思えるが、無理は禁物。実際のところ、年間360万円もNISAに投資するのは厳しいという人は多く、使い切れていないケースが大半だ。マイペースで運用していこう。

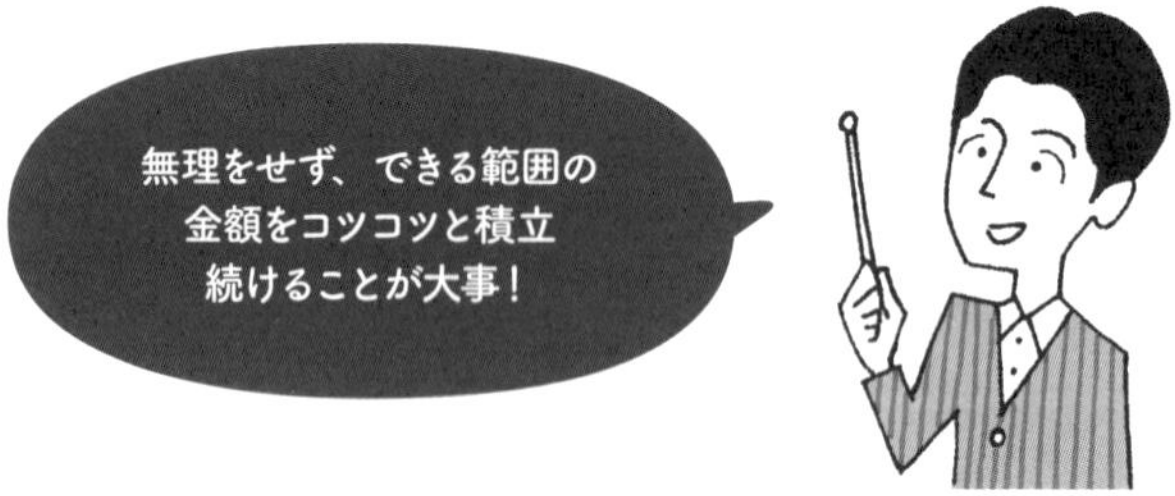
無理をせず、できる範囲の
金額をコツコツと積立
続けることが大事！

〚知っておきたい NISA の注意点〛

●損益通算・繰越控除できない

通常の投資の場合

特定口座（課税口座）を２つ利用して投資をしている場合、
合算して年間の損益が決まる。

特定口座①+ 50万円　特定口座② - 30万円 → 利益 20 万円

この場合、利益の20万円に対して課税されるので、20万円×20%＝４万円の税金を支払う。

特定口座①＋30万円　特定口座② - 50万円 → 損失 20 万円

この場合、損失は20万円。確定申告で翌年に繰越することで、翌年の利益と相殺され節税できる。

NISA の場合

NISAで投資をする場合、デメリットとなりうるのが、
損益通算・繰越控除の対象外となること。

NISA 口座+ 50 万円 → 課税されない

NISA 口座− 30 万円 → 損益はないと見なされるため繰越もされない

利益が出ても非課税となるが、損失が出ても税務上ないものと見なされるため、翌年に繰越できない。

特定口座+ 30 万円　NISA 口座 -50万円 → 利益 30 万円と見なされる

特定口座で30万円の利益がある場合、NISA口座で50万円の損失が出ていたとしても、30万円に対して課税される。

＼＼ いまからでも遅くない ／／

NISA口座開設から初めての投資まで

ＮＩＳＡに興味はあるものの始め方がわからない人や、いまさら遅いのではないかと躊躇している人は多いのではないでしょうか。ＮＩＳＡは長期運用に向く投資であると同時に、いつでも資産を引き出せるので、どのタイミングで始めても遅すぎるということはありません。ここでは、口座の開設から初めての投資までにすべきことを紹介します。

開始までの手順には、「金融機関を決める」「書類を準備する」「口座を開設する」「投資を始める」という4つのステップがあります。

まずは金融機関選びから始めることになりますが、ＮＩＳＡ口座は一人につき1つの口座しか開設できないので、慎重に検討しましょう。ＮＩＳＡ口座を開設できるのは、ネット証券会社や店舗型の証券会社、銀行です。

金融機関ごとに取り扱っている金融商品が異なります。自分が購入したい商品を扱っているかも選ぶうえでのポイントになります。また、手数料や最低投資金額も金融機関によって異なります。事前に確認しておきましょう。

なお、後から金融機関を変更することもできますが、別途、手続きが必要になります。

金融機関を決めたら、マイナンバーカードや本人確認書類などの必要書類を準備します。金融機関によっては届出印などが必要になることもあります。

STEP1 金融機関を決める

〈ネット証券会社〉

- □インターネットの利用に慣れている人
- □個別の株式や ETF も購入したい人
- □手数料を安く抑えたい人

一般的にネット証券会社では、NISAの対象商品を数多く取り揃えている。また、店舗がない分、手数料も低めに設定されている。取引画面の見やすさや使いやすさも判断材料の一つになる。

〈店舗型証券会社・銀行〉

- □オンラインでの手続きが不安な人
- □対面で専門家に相談をしたい人
- □よく使っている銀行の預金口座と連携したい人

ネット証券会社に比べると手数料は高めになるが、オンラインでの申し込みに自信がない人や、NISAや資産形成について専門家と話をしながら相談をしたい人には、店舗型がおすすめ。

ネット証券会社で人気の2つを比較

		SBI 証券	楽天証券
取扱銘柄数	つみたて投資枠	235本	238本
	成長投資枠	1,245本	1,233本
クレカ積立	ポイント付与率	最大5%	最大1%
	貯まるポイント	V ポイント、 Ponta ポイント、 d ポイント、 JAL のマイル、 PayPay ポイント	楽天ポイント
手数料		0円	0円

※銘柄数は、各証券会社のウェブサイトより(2024年8月29日時点)

STEP2 書類を準備する

□マイナンバーカード

SBI証券や楽天証券は、マイナンバーカードがあればスマホでも口座開設の申し込みが可能。

□本人確認書類

マイナンバーカード、運転免許証、パスポート、健康保険証、住民票の写し、在留カードなど。

STEP3 口座を開設する

1 NISA口座開設を申し込む

郵送

オンライン開設（おすすめ）

店頭

オンライン申し込みなら、店舗の営業時間外でも手続きができる。

↓

2 税務署へ申請・審査

申し込みが完了すると、金融機関側で税務署への申請を行う。この段階で、投資を開始できる金融機関もある。

↓

3 口座開設完了のお知らせ

税務署の審査が通ると、口座開設完了の通知が届く。ほかの金融機関ですでにNISA口座を開設していると、審査に通らない。

オンライン申し込み手順Q＆A

Q「NISAの種類」とは?

「NISAの種類」「NISA口座の選択」などの画面が出てきたら、「開設する」「新規で開設する」などをチェックする。

Q「口座の選択」はどれを選ぶ?

「特定口座」を選ぶと、金融機関が源泉徴収を行ってくれる。それ以外の「一般口座」は自分で確定申告を行う。

NISA口座の開設方法には、オンライン、郵送、店頭の3パターンがあります。インターネットの利用に慣れているなら、ウェブサイトから申し込みができるオンライン開設が便利です。

証券会社で申し込む場合、初めて口座を開設するのか、すでに証券総合口座をもっているのかによって、手続きは異なります。前者の場合は、証券総合口座の開設も必要になりますが、たいていは同時に申し込みが可能です。銀行の場合も、手続きの流れはほぼ同じです。

申し込みと書類の提出まで完了したら、あとは金融機関の方で税務署への申請などの手続きを進めてくれます。通常審査に1〜3週間かかり

STEP4 投資を始める

1 投資金額を決める

毎月どれくらい投資にお金を回すことができるのかを考える。NISAは少額から可能なので、生活に負担にならない程度から始めた方が長続きしやすい。

2 NISAの商品を選ぶ

つみたて投資枠では長期の積立・分散投資に適した厳選された投資信託が対象。成長投資枠では上場株式や投資信託、ETF、REITが対象になる。購入したい商品を決める。

3 購入方法を確認し、注文する

つみたて投資枠か成長投資枠かによって購入方法が異なるので、金融機関のホームページのガイドなどを参考にする。積立購入の場合には、購入ペース（毎日か毎月か、など）、購入金額を設定して注文する。

つみたて投資枠の操作方法の一例

積立設定を選択し、積立金額を入力、積立頻度を設定する。引き落とし日、引き落とし方法（証券口座、クレジットカード、ポイント利用など）を指定する。

成長投資枠の操作方法の一例

積立購入の場合、積立金額、積立頻度、引き落とし日、引き落とし方法を指定する。一括購入の場合はクレジットカードが使えないので事前に入金しておく。

ます。それが終了すると、NISA口座開設完了のお知らせが届きます。

NISA口座が開かれたら、早速、投資を始めてみましょう。

つみたて投資枠と成長投資枠の2つがありますが、初心者はつみたて投資枠から始めるとよいでしょう。つみたて投資枠は成長投資枠に比べて対象商品の幅が狭いのですが、その分、選びやすいといえます（金融商品の選び方はP116を参照）。

NISAの購入方法には積立購入と一括購入があります。つみたて投資枠を使う場合は、積立購入のみとなります。購入したい金融商品を選択し、購入ペースと金額を設定すれば完了です。以降は、同じ商品が同じ設定で自動的に購入できます。

初心者はインデックスファンド一択！ バランスファンドも人気

NISA口座を開設したら、つみたて投資枠から始めてみましょう。対象商品は金融庁の条件を満たした投資信託とETF（上場投資信託）です。初心者には、インデックス型ファンドがおすすめです。

投資信託には運用方法により、インデックス型とアクティブ型があります（上記参照）。インデックス型は、日経平均株価などの指数の動きに連動して運用されます。初心者にもわかりやすく、運用コストも低い傾向があります。

まずは、インデックス型ファンド

〚投資信託には2つのタイプがある〛

投資信託は、商品ごとに運用方針が決められている。その運用方針には、大きく分けてインデックス型とアクティブ型がある。

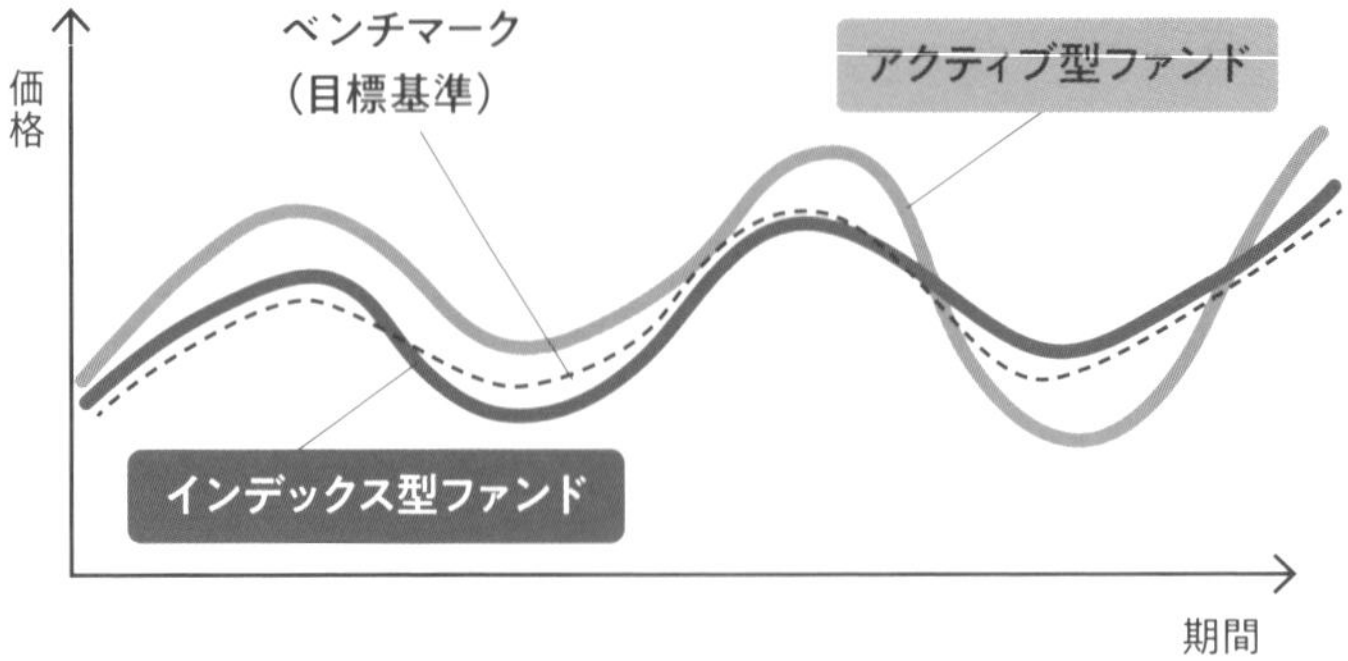

＼＼オススメ／／

インデックス型ファンド

ベンチマークと連動した運用を目指す

ベンチマークとする指数に連動した成果を目指して運用される。ハイリターンは望めないが、市場並みの着実なリターンが期待できる。自動運用なので、運用コストが抑えられている。

アクティブ型ファンド

ベンチマークを上回る運用を目指す

ベンチマークとする指数を上回る成果を目指して運用される。うまくいけば高いリターンが期待できるが、指数を下回ることもある。ファンドマネージャーが運用するので運用コストがやや高め。

〚インデックス型ファンドを選ぶポイント〛

次の３点をチェックして、複数のファンドを比較してみましょう。

POINT 1

指数をチェック

ファンドが連動を目指している指数を確認する。国内ではTOPIXや日経平均株価。海外ではS＆P500、MSCIオール・カントリー・ワールド・インデックス、FTSEグローバル・オールキャップ・インデックスなどがある。

POINT 2

手数料

保有中にかかる運用管理費用（信託報酬）をチェック。微々たるものでも長期運用すると大きな差となる。

POINT 3

純資産総額

純資産総額が多いということは、信頼性が高いといえる。純資産総額が右肩上がりのものを選びたい。

〚バランスファンドも初心者向き〛

バランス型ファンドとは、国内外の株式や債券、REIT（不動産投資信託）など複数の資産がセットになったもの。例えば、８つの資産が1/8ずつ組み込まれた商品の場合、この１本を購入するだけで世界中の幅広い資産に分散投資することができる。組み込まれている資産と割合は商品ごとに異なる。

<基本投資割合>

例）eMAXIS Slim
バランス
（８資産均等型）

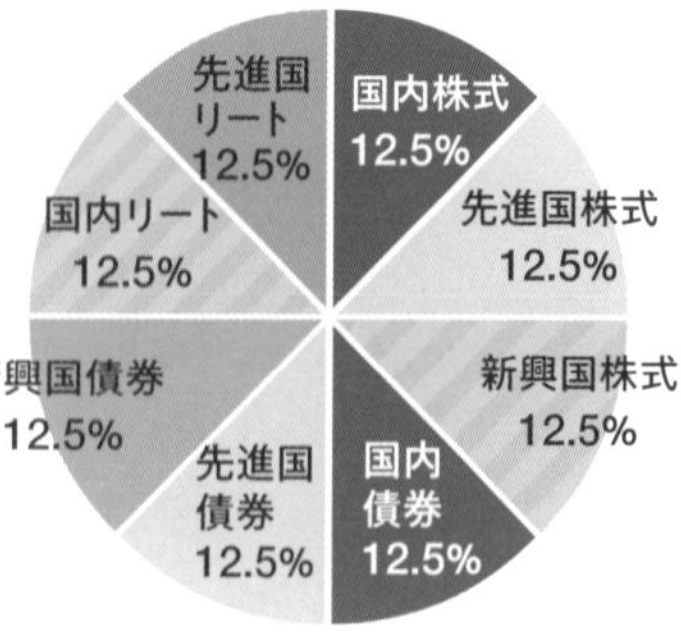
国内株式 12.5%
先進国株式 12.5%
新興国株式 12.5%
国内債券 12.5%
先進国債券 12.5%
新興国債券 12.5%
国内リート 12.5%
先進国リート 12.5%

出典：三菱UFJアセットマネジメント発行の投資信託説明書（交付目論見書）（使用開始日2024.7.25）より引用

プラスα

NISAでよく聞く「S&P500」「オルカン」とは?

「S&P500」とは、アメリカを代表する企業500社で構成されている株価指数です。S&P500との連動を目指すインデックス型ファンドを指していることもあります。「オルカン」とは、オール・カントリーの通称で、全世界株式に投資が行えるインデックス型ファンドのことです。どちらも人気の高いファンドですが、それぞれにメリット・デメリットがあるので、調べたうえで購入しましょう。

を少額から購入してコツコツと積み立てていくのがよいでしょう。購入商品を選ぶ際には、ファンドのタイプや指数、運用中の手数料や、純資産総額をチェックしましょう。

つみたて投資枠をベースに成長投資枠を併用して資産を増やす

〘併用でNISAのメリットを最大限に受ける！〙

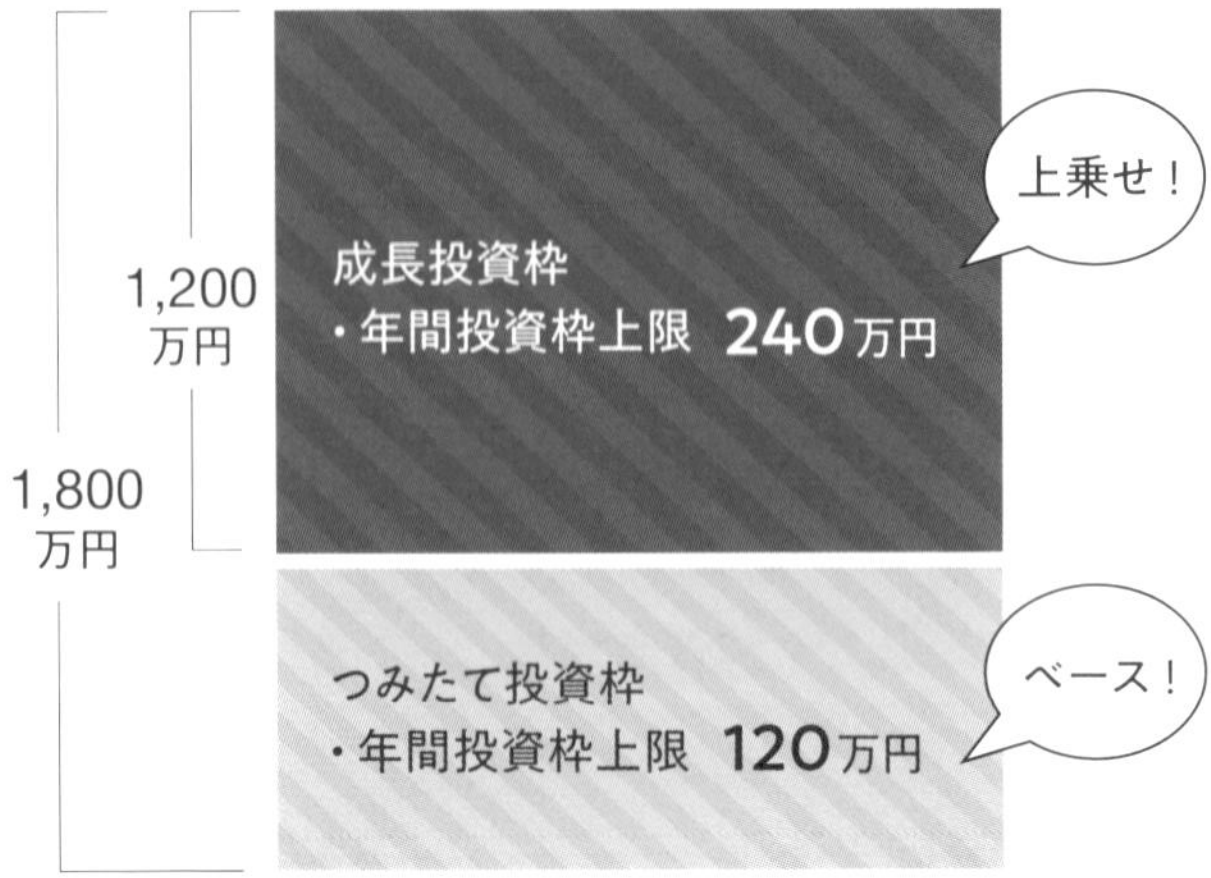
非課税保有限度額
1,800万円
1,200万円
成長投資枠
・年間投資枠上限 240万円
上乗せ！
つみたて投資枠
・年間投資枠上限 120万円
ベース！

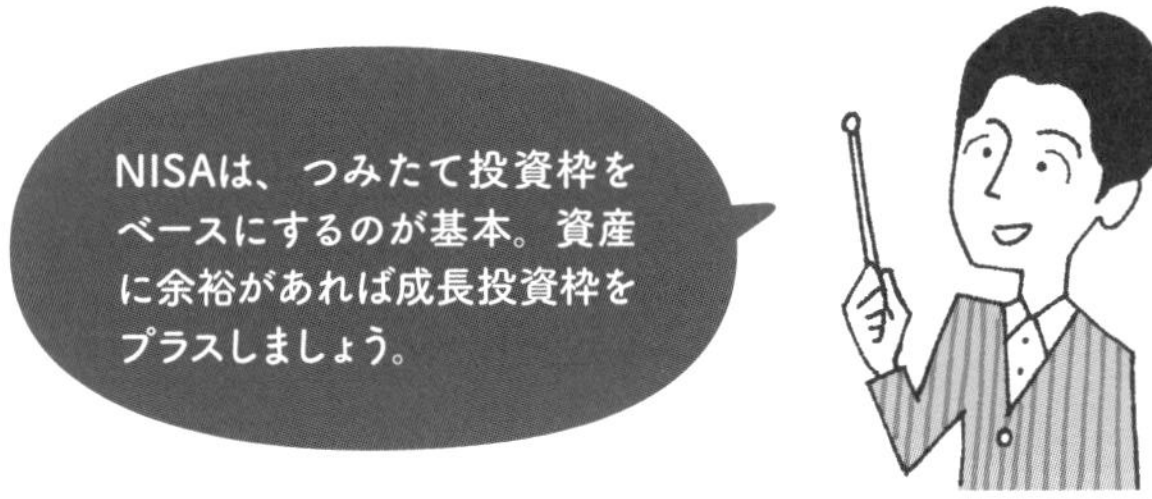
NISAは、つみたて投資枠をベースにするのが基本。資産に余裕があれば成長投資枠をプラスしましょう。

ＮＩＳＡのつみたて投資枠を使うことに慣れてきたら、成長投資枠の活用を考えてみましょう。

旧ＮＩＳＡでは「つみたてＮＩＳＡ」（現行のつみたて投資枠に相当）と「一般ＮＩＳＡ」（現行の成長投資枠に相当）のどちらかしか選べませんでしたが、新制度では併用できるようになっています。投資に興味がある人や、さらに資産を大きくしたい人は、併用にチャレンジするとよいでしょう。

一般的な併用方法としては、毎月の給与でつみたて投資枠の投資信託

〚つみたて投資枠と成長投資枠の併用イメージ〛

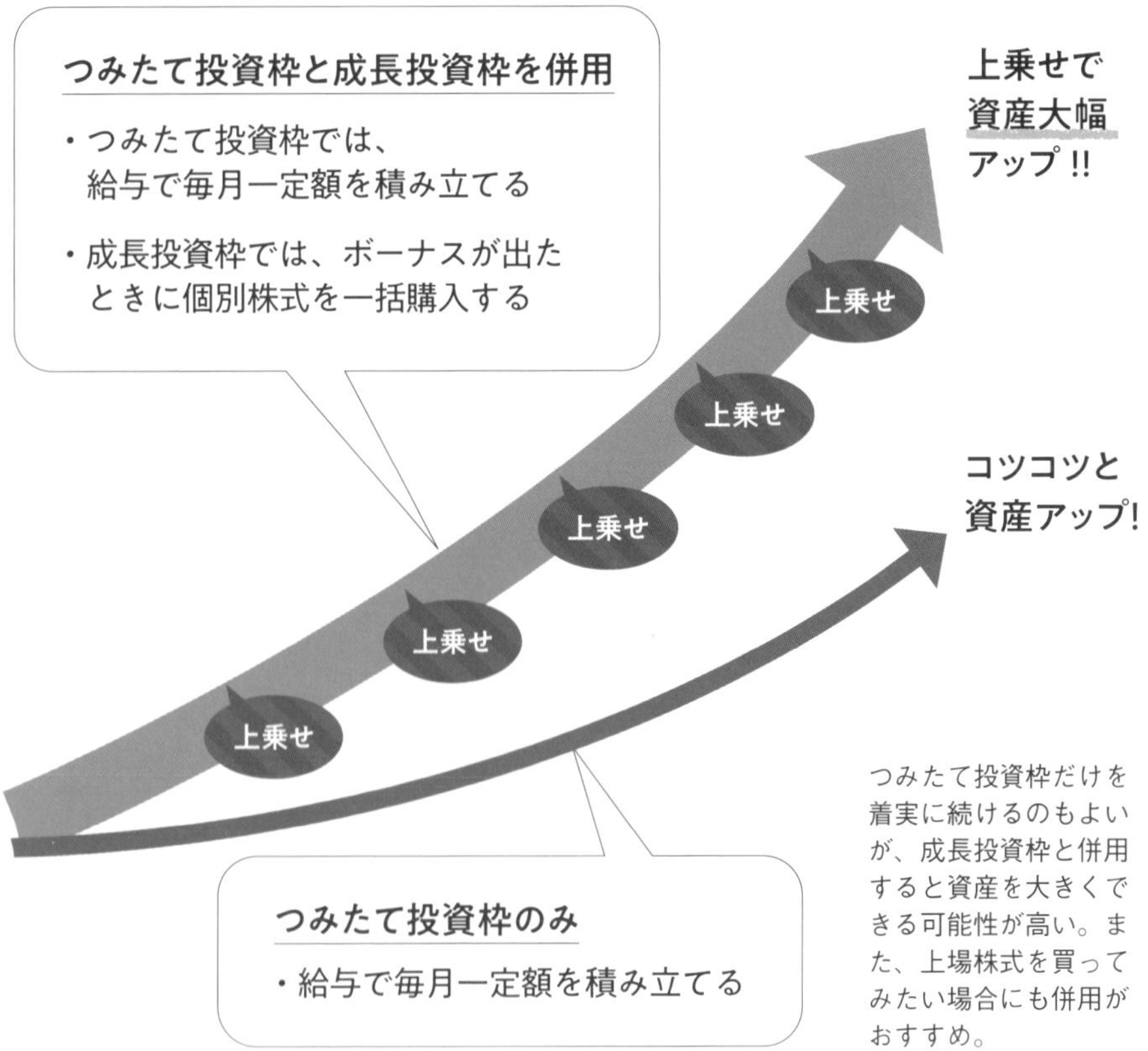
つみたて投資枠と成長投資枠を併用
・つみたて投資枠では、給与で毎月一定額を積み立てる
・成長投資枠では、ボーナスが出たときに個別株式を一括購入する
上乗せで資産大幅アップ!!
上乗せ
上乗せ
上乗せ
上乗せ
上乗せ
コツコツと資産アップ!
つみたて投資枠のみ
・給与で毎月一定額を積み立てる

つみたて投資枠だけを着実に続けるのもよいが、成長投資枠と併用すると資産を大きくできる可能性が高い。また、上場株式を買ってみたい場合にも併用がおすすめ。

を購入して着実に資産を増やし、ボーナスが出たら成長投資枠で上場株式などを購入するというパターンがあります。成長企業の株式を購入したり、株主優待が魅力的な企業の株式を選んだりするなど、さまざまな楽しみ方ができます。

プラスα

夫婦で各々NISAをすれば安心!?

夫婦それぞれがNISA口座をもつメリットは、2人合わせて非課税保有限度額が2倍の3,600万円になること、それぞれの考え方に沿った投資や運用ができること、離婚となった場合に資産を分割しやすいことなどが挙げられます。共働きであれば、各自が無理のない範囲でNISAをするのもよいでしょう。

投資の経験を積み勉強をしたうえで成長投資枠を使ってハイリターンを狙う

＼＼チャレンジ／／ 個別の株式を売買する

・つみたて投資枠

投資信託 A

毎月５万円

・成長投資枠

株式 A

一括購入
10 万円

つみたて投資枠では投資信託を購入し、安定した資産形成を行う。一方で、ボーナス時などに成長投資枠で個別の上場株式を一括購入（スポット購入）して、値動きを見て売り買いをする方法もある。

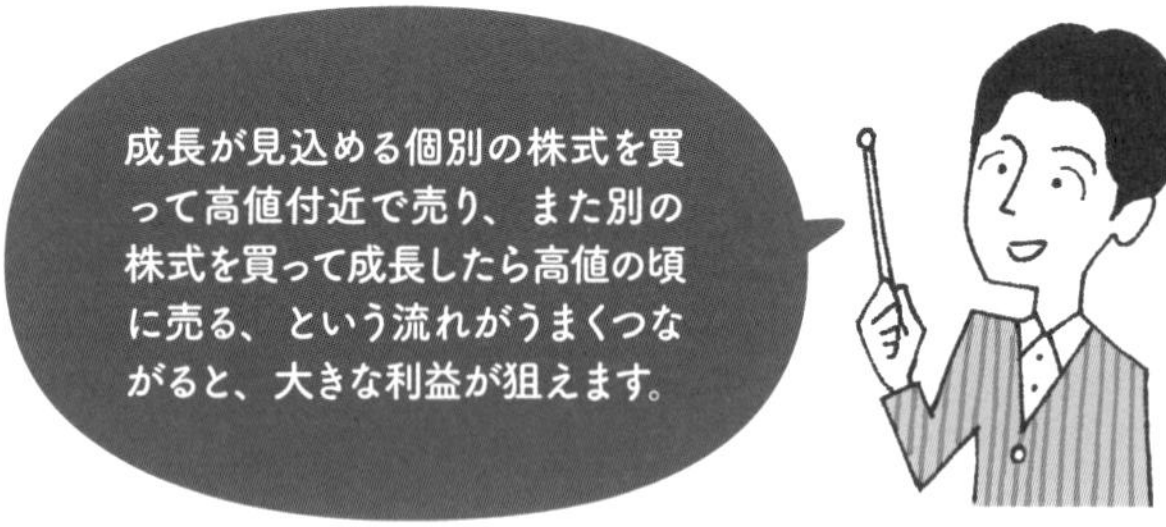
成長が見込める個別の株式を買って高値付近で売り、また別の株式を買って成長したら高値の頃に売る、という流れがうまくつながると、大きな利益が狙えます。

成長投資枠の対象商品は、つみたて投資枠の対象商品よりも幅が広く、リスク度合いもさまざまです。投資の経験を積み、知識がついてきたなら、つみたて投資枠では購入できない投資信託やハイリターンが狙えそうな上場株式を、成長投資枠で購入するのもよいでしょう。

成長投資枠（投資元本は１２００万円が上限）のみを使うこともできますが、やはりＮＩＳＡの良さをいかすにはつみたて投資枠との併用がおすすめです。併用パターンには、２つの枠で同じ投資信託を購入する、

〘成長投資枠の活用例〙

つみたて投資枠と成長投資枠を併用する方法には、以下の3パターンがある。

＼＼カンタン／／ つみたて投資枠と同じ投資信託に投資する

つみたて投資枠の年間投資枠は120万円なので、月10万円が上限となる。それ以上の金額を投資に回せるなら、つみたて投資枠で10万円、成長投資枠で3万円など、2つの枠で同じ投資信託を購入するのもよい。

・つみたて投資枠
投資信託A
毎月10万円

・成長投資枠
投資信託A
毎月3万円

＼＼パワーアップ／／ つみたて投資枠では購入できない投資信託に投資する

せっかくなら違う投資信託を購入してみたい、という人は、成長投資枠の方ではつみたて投資枠では買えない投資信託を購入する方法もある。ややハイリターンのものに挑戦してみるのもよい。

・つみたて投資枠
投資信託A
毎月5万円

・成長投資枠
投資信託B
毎月3万円

プラスα

成長投資枠で失敗するのはどんなとき?

成長投資枠では幅広い商品が対象になっている分、損失が出てしまうこともあります。

例えば、その商品の価格が高いときに購入してその後に下落してしまうケースや、さまざまな情報をうのみにしてあれもこれもと手を出してしまうケースなどが考えられます。失敗を避けるには、自分が投資に回せる金額を超えないようにするとともに、信頼できる情報源で学ぶことが大事です。

つみたて投資枠と成長投資枠で別々の投資信託を購入する、つみたて投資枠では投資信託を購入して成長投資枠では上場株式など投資信託以外を購入する、という3つがあります。

掛け金が所得控除される。老後の資金づくりに最適

長寿社会では、国民年金や厚生年金などの公的年金だけでは老後の暮らしが不安です。そこで注目されているのが、ｉＤｅＣｏ（個人型確定拠出年金）です。ｉＤｅＣｏは公的年金に上乗せする部分の年金を自分でつくる国の制度で、20歳以上65歳未満の国民年金加入者であれば加入できます。

具体的には、毎月一定額の掛け金を積み立て、自分が選んだ商品を運用することで、資金を増やしていきます。つまり、投資をしながら年金を増やす仕組みなのです。

〚iDeCoの特徴3つ〛

60歳まで引き出せない

iDeCoは年金なので、60歳になるまで引き出すことができない。それより前にお金が必要になっても引き出せないのはデメリットともいえるが、だからこそ老後資金づくりに最適といえる。また、60歳の時点でiDeCoの加入期間が10年に満たない場合、「8年以上10年未満は61歳から」など、受給可能年齢が繰り下げられる。

掛け金は月5,000円から

iDeCoは月々5,000円の掛け金から始められるので、少ない負担で着実に老後資金を準備できる。5,000円以上であれば1,000円単位で自由に設定でき、年に1回、金額を変更することも可能。最低拠出額は全加入者共通で5,000円だが、加入者区分（国民年金の種類や企業年金加入の有無など）により上限額は決まっている。

3段階の税制優遇がある

iDeCoの大きなメリットは、節税効果が高いこと。積立時、運用時、受給時の３つのタイミングで税金の優遇を受けることができる。

積立時

iDeCoで積み立てた掛け金は、全額が所得控除の対象となる。年末調整や確定申告で所得控除することで課税所得が低くなり、その結果、所得税と住民税が軽減される。

運用時

通常の投資では投資信託などを運用すると運用益に対して約20%の税金がかかるが、iDeCoの場合はいくら運用益が発生しても非課税になり、再投資（同じ運用商品を買い付けること）される。

受給時

運用した資産を受け取るとき、一時金か年金かを選択できる。一時金であれば「退職所得」として扱われ、退職所得控除の対象になる。年金であれば「雑所得」として扱われ、公的年金等控除の対象になる。

〖iDeCo受給までの5Step〗

STEP1 金融機関を選ぶ ⇒P126

↓

STEP2 加入手続き ⇒P128

↓

STEP3 掛け金・投資する商品を選ぶ ⇒P132

→

STEP4 毎年控除申請をする ⇒P134

↓

STEP5 給付金を受け取る ⇒P138

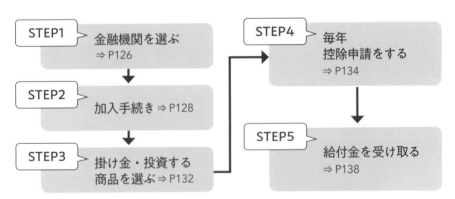

いまさら聞けない

年金制度のおさらい

iDeCo を賢く運用するためには、日本の年金制度について最低限理解しておこう。

	 第１号被保険者 ・自営業者 ・フリーランス ・学生 など	 第２号被保険者 ・会社員 ・公務員 など	 第３号被保険者 扶養されている人で、年収130 万円未満
国民年金 20歳から60歳未満の国民全員の加入が義務付けられている。老後の生活を支える基礎的な年金制度。	○ 受け取れる	○ 受け取れる	○ 受け取れる
厚生年金 会社員や公務員が加入する年金制度。保険料は給与に比例し、事業主と被保険者で折半。	× 受け取れない	○ 受け取れる	× 受け取れない

加入は義務

＋

加入は自由

私的年金

個人が任意で加入する年金制度。iDeCoや企業年金などが代表的。

加入した期間や、掛け金に応じて給付金が受け取れる

もらえる年金を確認　ねんきん定期便の見方

50歳未満の人

〈裏面〉

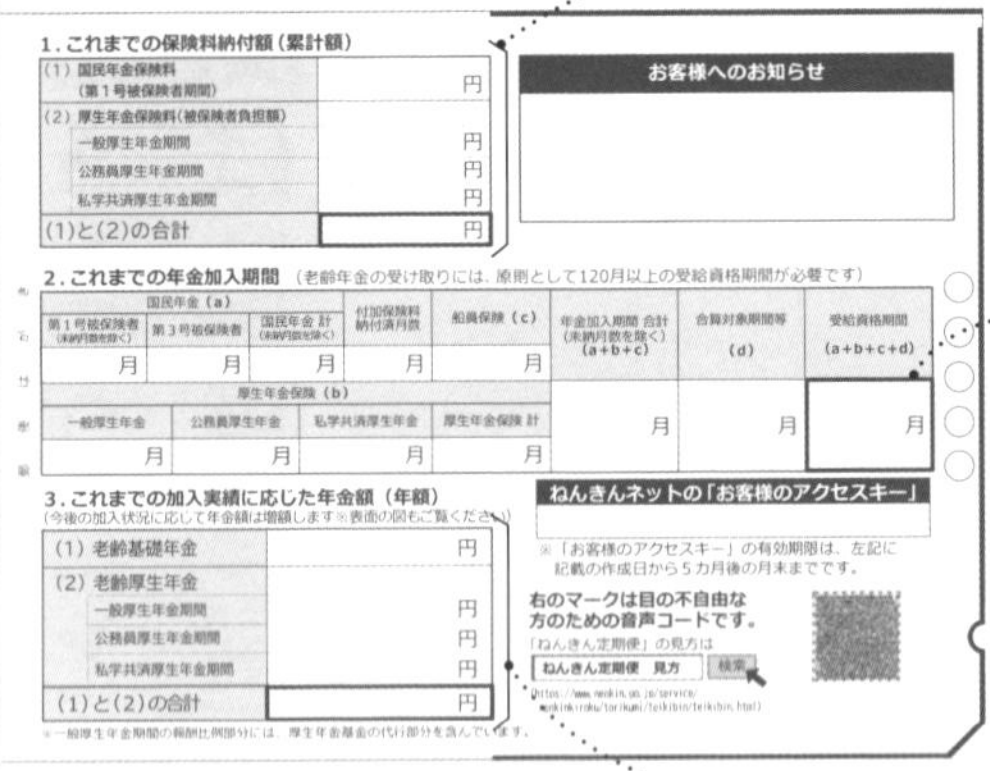

1. これまでの保険料納付額（累計額）

(1) 国民年金保険料（第1号被保険者期間）	円
(2) 厚生年金保険料（被保険者負担額）	
一般厚生年金期間	円
公務員厚生年金期間	円
私学共済厚生年金期間	円
(1)と(2)の合計	円

お客様へのお知らせ

2. これまでの年金加入期間（老齢年金の受け取りには、原則として120月以上の受給資格期間が必要です）

国民年金 (a)			付加保険料納付済月数	船員保険 (c)	年金加入期間 合計（未納月数を除く）(a+b+c)	合算対象期間等 (d)	受給資格期間 (a+b+c+d)
第1号被保険者（未納月数を除く）	第3号被保険者	国民年金 計（未納月数を除く）					
月	月	月	月	月			
厚生年金保険 (b)							
一般厚生年金	公務員厚生年金	私学共済厚生年金	厚生年金保険 計				
月	月	月	月		月	月	月

3. これまでの加入実績に応じた年金額（年額）
（今後の加入状況に応じて年金額は増額します※表面の図もご覧ください）

(1) 老齢基礎年金	円
(2) 老齢厚生年金	
一般厚生年金期間	円
公務員厚生年金期間	円
私学共済厚生年金期間	円
(1)と(2)の合計	円

※一般厚生年金期間の報酬比例部分には、厚生年金基金の代行部分を含んでいます。

ねんきんネットの「お客様のアクセスキー」

※「お客様のアクセスキー」の有効期限は、左記に記載の作成日から5カ月後の月末までです。

右のマークは目の不自由な方のための音声コードです。

「ねんきん定期便」の見方は

ねんきん定期便　見方　検索

https://www.nenkin.go.jp/service/nenkinkiroku/torikumi/teikibin/teikibin.html

✓ これまでの保険料納付額

いままで自分が納付した保険料の総額が記載される。

✓ これまでの年金加入期間

加入期間の合計が記載される。老齢年金の受け取りには、原則120月以上が必要。

✓ これまでの加入実績に応じた年金額

給付できる見込みの年金額。現時点の加入実績から算出されるので、50歳未満の人は少なめの額。

50歳以上の人は、60歳まで加入していたと仮定した場合の試算が表示されます。

詳しくは日本年金機構のHPへ

日本の公的年金には、国民年金と厚生年金があります。日本に住む20歳以上60歳未満の人は国民年金に加入する義務があり、会社員や公務員は厚生年金にも加入します。

受給年齢になると、会社員や公務員などの国民年金第2号被保険者は厚生年金ももらえるので、月15万円ほど受給できます。一方、国民年金第1号被保険者と第3号被保険者は国民年金のみ受け取れるので、月6〜7万円程度となります。

物価高のいま、仮に月15万円受給できたとしても老後の生活は心許ないですが、国民年金だけで月6〜7万円となれば相当切り詰めないとやっていけません。私的年金等を活用して、老後に備えたいものです。

長期間付き合うことになる。金融機関は慎重に選ぶ

iDeCoを扱っているならどこの金融機関でも同じだろう、と思いがちですが、運用商品の取り扱い数や手数料などに違いがあります。

運用商品は途中で変更できるので、商品の数は多い方がよいでしょう。特にチェックしたいのは、手数料です。運用時と受給時の手数料は金融機関によって異なり、特に運用時は毎月かかるものなので、長い年数で考えると大きな差が出ます。

気になる金融機関の資料やホームページを確認し、よく検討してから決めましょう。

〘金融機関選びのポイントは3つ〙

ポイント 1 商品のラインナップ

商品のタイプは、元本確保型と元本変動型の２タイプに分かれる。元本確保型は資産の増加は期待できず、貯金と変わらない。せっかくiDeCoを始めるなら元本変動型がおすすめ。

安全だが資産はほとんど増えない

元本確保型商品

Ex.) 定期預金
保険商品

原則として投資した元本が保証されるため、安全性が高い。ただし、運用コストが運用益を上回る可能性もあるため、長期的な資産形成には不向き。

＼オススメ／

リスクの分、リターンが期待できる

元本変動型商品

Ex.) 投資信託

市場の変動により元本が増減する。リスクは高くなるが、長期的には高いリターンが期待できる。自身のリスク許容度に合わせて商品を選択することが重要。

ポイント

2 手数料の安さ

主に加入時、運用時、受け取り時にコストがかかる。運営管理機関に支払う手数料は金融機関により異なるので慎重に選ぶ。長期間使うので、数十円、数百円の違いが大きな差になることも。

支払うタイミング	支払先	金額
加入時	国民年金基金連合会	2,829円
運用時		105円／月
	事務委託先金融機関	66円程度／月
	運営管理機関	無料~500円程度／月
受け取り時	事務委託先金融機関	440円／回

この金額が金融機関により異なるので、要チェック

ポイント

3 サポート体制の充実度

長期間利用するので、実際の使いやすさはとても大切。加入しようとしている金融機関のサポート体制をチェックしておく。

- ☑ Webサイトの情報や資料は豊富？わかりやすい？
- ☑ 対面の窓口相談ができる？
- ☑ コールセンターの営業時間は？
- ☑ チャットやメールでの問い合わせが可能？

運用益の受け取り方法（P138）は3種類あり、選択肢は金融機関で異なります。3種類とも選べる金融機関がおすすめです。

＼ 準備は早めに ／

iDeCo 口座開設のための手続きをしよう

Web・書類どちらでも手続きできる

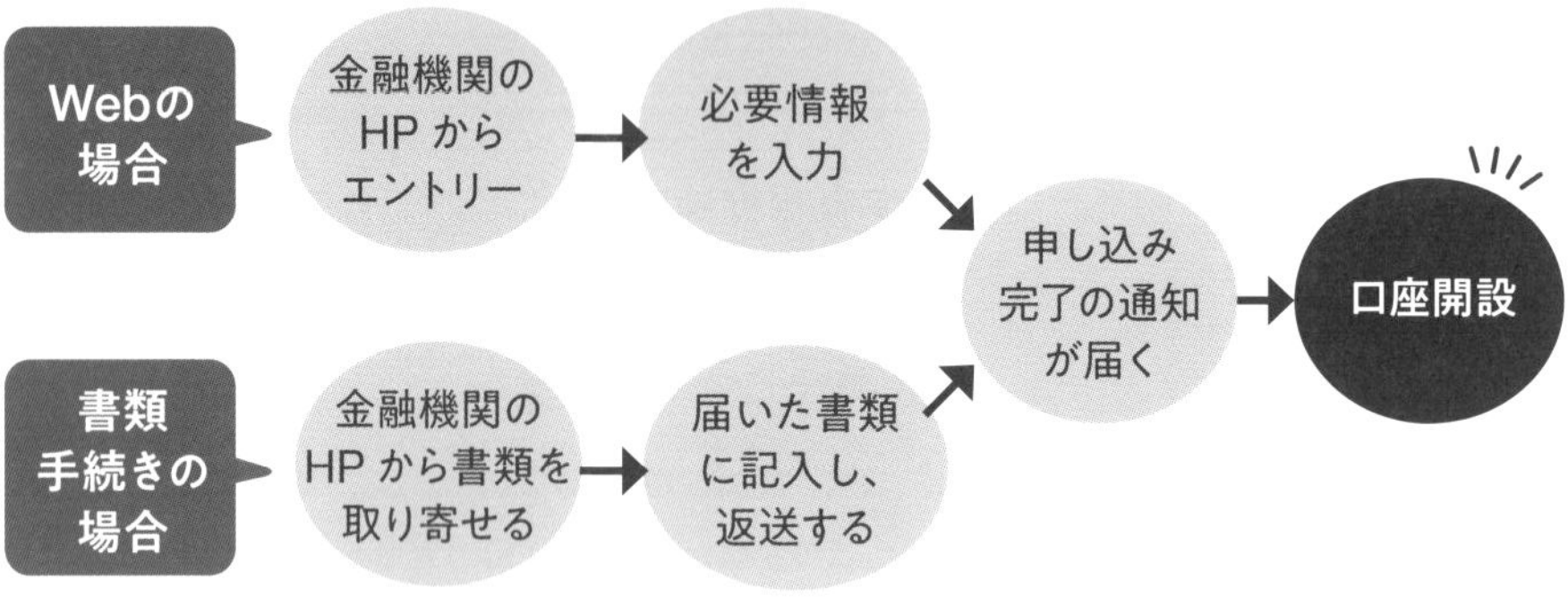

＼ 用意するものは6つ ／

・iDeCo の申し込み書類 ⇒ P129 ～ 130

▶金融機関から取り寄せる

・事業所登録申請書 兼 第2号加入者に係る事業主の証明書 ⇒ P131

▶会社員・公務員は必要。 勤め先に記載してもらう。 申込書類と併わせて金融機関から取り寄せる

・本人確認書類の写し

▶運転免許証や健康保険証、 パスポート、 マイナンバーカードなどが利用できる。

・基礎年金番号のわかるもの

▶申し込みの際に必要になる。 年金手帳や基礎年金番号通知書などを確認する

・口座番号

▶ iDeCo の掛け金引き落としに使用する口座の番号

・銀行届出印

▶ Web 申し込みの場合は必要ないこともある

書類の書き方

郵送手続きの場合は、書類に記入し、返送が必要になる。ここでは会社員の場合を例にしている。

書類 1 個人型年金加入申出書

iDeCoの申し込み書類。

年金手帳やねんきん定期便（P125）を確認して記載する。

「個人払込」にチェックする。

掛け金の引き落としに使用する口座情報を記入する。

毎月の掛け金を記入する（掛け金の上限や決め方はP132）。

国民年金基金連合会 御中 届書コード 01011　　事務処理センター用

個人型年金加入申出書　1枚目

●必ず記入要領をご覧のうえ、ご記入ください。●太枠内に必要事項をボールペンで、はっきり、分かり易くご記入ください。●選択項目の☐にはレ点をご記入ください。
●訂正は、訂正部分を二重線で抹消し、修正部分の周囲余白に訂正事項をご記入ください。
●身元確認書類（運転免許証、パスポート、マイナンバーカード等）のご提示をお願いします。

1.申出者　全ての加入申出者がご記入ください。　▼申出者自ら署名する場合、身元確認書類の提示は不要です。

氏名	フリガナ ネンキン イチロウ 年金 一郎
基礎年金番号	1234－567890
生年月日	☑昭和5 ☐平成7　49年10月06日
性別	☑男1 ☐女2
住所	フリガナ トウキョウト マルマルク サンカクサンカク1－23－456 シカクシカクビル 〒123－4567 東京都〇〇区△△1－23－456 □□ビル 市区町村コード
連絡先電話番号	（12）3456-7890

2.被保険者の種別　必ずいずれか1つにレ点をご記入のうえ、「3.掛金の納付方法」以降の該当項目をご記入ください。

- ☐ 第1号被保険者▶会社員以外の自営業者
- ☑ 第2号被保険者（65歳未満）▶共済組合員を除く会社員等
- ☐ 第3号被保険者▶会社員、公務員に扶養されている配偶者
- ☐ 共済組合員（65歳未満）▶国家公務員共済組合の長期組合員、地方公務員共済組合の長期組合員、私立学校教職員共済制度の長期加入者
- ☐ 任意加入被保険者（60歳以上65歳未満の日本国内に住所を有する者）（任意加入被保険者用別紙の提出が必要）
- ☐ 任意加入被保険者（20歳以上65歳未満の海外居住者）（任意加入被保険者用別紙の提出が必要）

【第2号被保険者】【共済組合員】の方はご記入ください。

3.掛金の納付方法
- ☐ 事業主払込1
- ☑ 個人払込2

4.掛金引落口座情報　「個人払込」の場合は加入申出者がご記入ください。第1号・第3号・任意加入被保険者も同様です。「事業主払込」の場合で、事業所内において事業主払込の加入者は今回が初めてである、又は、口座から直近12ヵ月以内に引落実績がない、もしくは不明であるときは、事業主でご記入ください。

口座名義人（個人払込の場合、本人名義に限定・屋号付きは不可）	フリガナ ネンキン イチロウ 年金 一郎
金融機関届出印	2枚目に金融機関届出印を押印してください

☑ ゆうちょ銀行以外の金融機関1 ⟷ どちらかを選択してください ⟷ ☐ ゆうちょ銀行2

金融機関名	〇〇　☑銀行 ☐労金 ☐信連 ☐農協 ☐信金 ☐信組　金融機関コード	種目コード 166	契約種別コード 30
支店名	☑本店 ☐支店（支所） ☐出張所　支店コード	通帳記号	通帳番号（右詰め）
預金種別	☑普通1 ☐当座2　口座番号（右詰め）1234567		

5.掛金額区分

☑ 掛金を下記の毎月定額で納付します。0 ⟷ どちらかを選択してください ⟷ ☐ 納付月と金額を指定して納付します。1

毎月の掛金額 20千000円

被保険者の種別、企業年金制度等の加入状況により限度額が異なります。

別紙の「加入者月別掛金額登録・変更届」を添付してください。

【第2号被保険者】【共済組合員】の方は勤め先が別紙の「事業主の証明書」に記入後、申出者が「事業主の証明書」から右欄に転記ください。

6.現在のお勤め先（事業所情報）

登録事業所番号※1	12345678
企業年金制度等の加入状況	10
登録事業所名称	フリガナ マルマル（カ 〇〇株式会社

※1:共済組合員及び電子申請の場合、登録事業所番号を必ず記入してください。

【第1号被保険者】【任意加入被保険者】の方でいずれかに該当する場合はご記入ください。

7.付加保険料納付状況・国民年金基金加入状況について
- ☐ 国民年金の付加保険料（納付月額400円※2）を納付している。
- ☐ 国民年金基金に加入している。　右欄を記入▶ 国民年金基金加入員番号　掛金月額※2 千 円

※2:この額も含めて68,000円が限度額となります。

60歳以上の方はご記入ください。

8.給付金・年金の受給状況について
- ☐ iDeCoの老齢給付金（一時金を含む）を受給していない。
- ☐ 老齢基礎年金・老齢厚生年金を繰り上げ受給していない。

受付金融機関および事務処理センター使用欄

受付金融機関	1	2	3	4	5	6	7	8	9	0	㈱〇〇銀行
運用関連運営管理機関	1	2	3	4	5	6	7				㈱〇〇銀行
記録関連運営管理機関	7	6	5	4	3	2	1				△△キーピング㈱

書類③（P131）を参考に記入する。

現在の勤め先の情報を記入する。

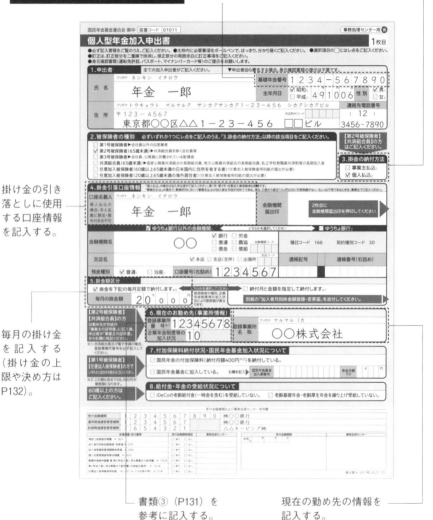

書類 2

預金口座振替依頼書 兼 自動払込利用申込書

口座から自動引き落としをするための手続き書類。

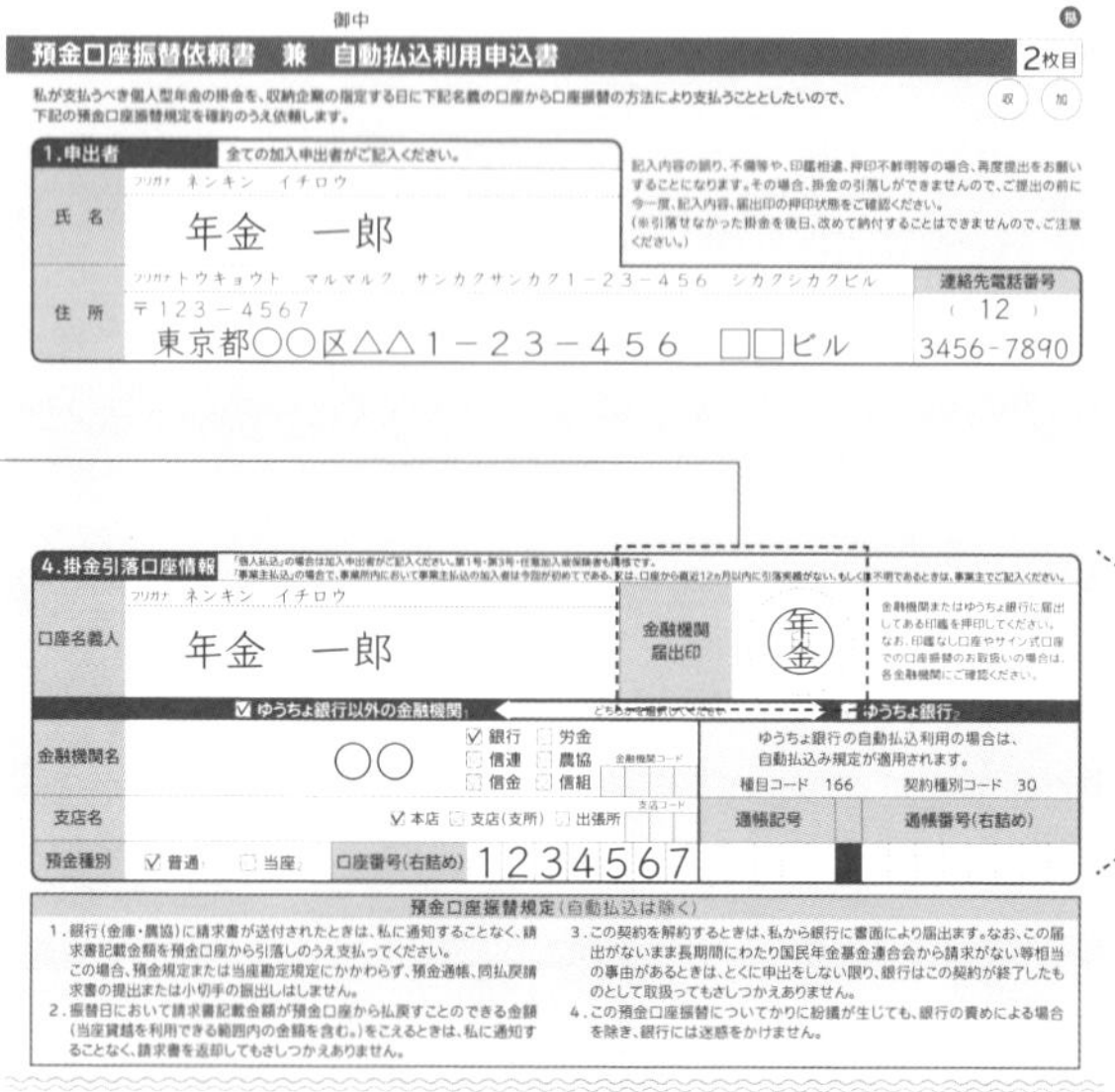
御中

預金口座振替依頼書　兼　自動払込利用申込書　2枚目

私が支払うべき個人型年金の掛金を、収納企業の指定する日に下記名義の口座から口座振替の方法により支払うこととしたいので、
下記の預金口座振替規定を確約のうえ依頼します。

収　加

1.申出者　全ての加入申出者がご記入ください。

氏名	フリガナ　ネンキン　イチロウ 年金　一郎
住所	フリガナ　トウキョウト　マルマルク　サンカクサンカク1－23－456　シカクシカクビル 〒123－4567 東京都〇〇区△△1－23－456　□□ビル
連絡先電話番号	（12）3456-7890

記入内容の誤り、不備等や、印鑑相違、押印不鮮明等の場合、再度提出をお願いすることになります。その場合、掛金の引落しができませんので、ご提出の前に今一度、記入内容、届出印の押印状態をご確認ください。
（※引落せなかった掛金を後日、改めて納付することはできませんので、ご注意ください。）

4.掛金引落口座情報
「個人払込」の場合は加入申出者がご記入ください。第1号・第3号・任意加入被保険者も同様です。
「事業主払込」の場合で、事業所内において事業主払込の加入者は今回が初めてである、又は、口座から直近12ヵ月以内に引落実績がない、もしくは不明であるときは、事業主でご記入ください。

口座名義人	フリガナ　ネンキン　イチロウ 年金　一郎
金融機関届出印	年金

金融機関またはゆうちょ銀行に届出してある印鑑を押印してください。なお、印鑑なし口座やサイン式口座での口座振替のお取扱いの場合は、各金融機関にご確認ください。

☑ゆうちょ銀行以外の金融機関　どちらかを選択してください　□ゆうちょ銀行

金融機関名	〇〇　☑銀行　□労金　□信連　□農協　□信金　□信組　金融機関コード
支店名	☑本店　□支店（支所）　□出張所　支店コード
預金種別	☑普通　□当座
口座番号（右詰め）	1234567

ゆうちょ銀行の自動払込利用の場合は、自動払込み規定が適用されます。
種目コード　166　契約種別コード　30

通帳記号		通帳番号（右詰め）

預金口座振替規定（自動払込は除く）

1. 銀行（金庫・農協）に請求書が送付されたときは、私に通知することなく、請求書記載金額を預金口座から引落しのうえ支払ってください。
この場合、預金規定または当座勘定規定にかかわらず、預金通帳、同払戻請求書の提出または小切手の振出しはしません。
2. 振替日において請求書記載金額が預金口座から払戻すことのできる金額（当座貸越を利用できる範囲内の金額を含む。）をこえるときは、私に通知することなく、請求書を返却してもさしつかえありません。
3. この契約を解約するときは、私から銀行に書面により届出ます。なお、この届出がないまま長期間にわたり国民年金基金連合会から請求がない等相当の事由があるときは、とくに申出をしない限り、銀行はこの契約が終了したものとして取扱ってもさしつかえありません。
4. この預金口座振替についてかりに紛議が生じても、銀行の責めによる場合を除き、銀行には迷惑をかけません。

掛け金を引き落とす口座の情報を記入する。必ず書類①（P129）と同じ口座を記載すること。

金融機関の届出印を捺印する。

iDeCoの手続き方法には、Web申し込み、書類手続きの2種類があります。最近はWeb申し込みを受け付けているところも増えてきましたが、選択肢は申し込みを行う各金融機関によって異なるので確認しておきましょう。

主な提出書類は、P129〜131で示す4種類ですが、金融機関や年金の被保険者の分類（P124）により、若干異なる場合があります。各金融機関の案内を参考に、手続きを進めてください。

申し込みから手続き完了までには、通常1〜2か月ほどかかります。iDeCoを始めたい時期が決まっている場合は、早めに申し込みをしておくと安心です。

書類 3

事業所登録申請書 兼 第2号加入者に係る事業主の証明書

勤め先に記入を依頼する（会社員・公務員のみ）。

年金手帳やねんきん定期便（P125）を確認して記入する。

自分で記入する欄

事業主が記入する欄

国民年金基金連合会 御中　届書コード 13062　　記入例①　　事務処理センター用

事業所登録申請書 兼 第2号加入者に係る事業主の証明書

- ●必ず記入要領をご覧のうえ、ご記入ください。
- ●毎月の掛金額には上限があります。詳しくは記入要領でご確認ください。
- ●訂正は、訂正部分を二重線で抹消し、修正部分の周囲余白に訂正事項をご記入ください。
- ●お勤め先への照会等により、事業主の記入欄を無断で作成・改変したと認められた場合、本加入（変更）手続が取り消されることがあります。
- ●太枠内に必要事項をボールペンで、はっきり、分かり易くご記入ください。
- ●選択項目の☐にはレ点をご記入ください。

申出者

1.申出者の情報

証明を受ける申出者氏名　年金　一郎

基礎年金番号　1234−567890

希望する掛金の納付方法　☑ 事業主払込　☐ 個人払込

2.掛金額区分

☑ 掛金を下記の毎月定額で納付します。 ◀どちらかを選択してください▶ ☐ 納付月と金額を指定して納付します。

毎月の掛金額　2千0000円

別紙の「加入者月別掛金額登録・変更届」を添付してください。

3.企業型確定拠出年金の加入状況　企業型確定拠出年金に加入している方は以下の項目について確認のうえ、□にレ点をご記入ください。

☑ 企業型確定拠出年金の加入者向けWEBページの基礎年金番号、性別、生年月日が、年金手帳または基礎年金番号通知書の内容と一致しています。

☑ 個人型年金と企業型確定拠出年金を合計した掛金額が拠出限度額を超過した場合、個人型年金の掛金額が自動減額されることを確認しました。

事業主

4.事業主の署名等

郵便番号　123-4567　電話番号　12 − 3456 − 7890

事業所名称（カナ）　マルマル（カ

申出者について、個人型年金の加入資格があることを証明し、「事業所登録」がない場合、この証明書の内容で登録を申請します。

証明日　令和　1年　12月　12日
※3ヵ月以内有効

住所　東京都○○区△△1−23−456　□□ビル

事業所名称　○○株式会社

事業主名称（代表者肩書　氏名）　（証明ご担当者名：年金　三郎）

代表取締役 年金 太郎

※個人事業主の方の場合、事業主の住所および氏名を記入。

5.企業年金制度等の加入状況

番号　10　別添のフローチャートを実施し、該当番号を左欄にご記入ください。

上記の番号が【10】【11】【12】【16】のいずれかに該当する場合は、□にレ点をご記入ください。

☑ 申出者はマッチング拠出を選択していません。

☑ 事業所の事業主掛金は年単位拠出ではありません。

6.申出者を使用している厚生年金適用事業所の住所・名称等

郵便番号　　電話番号　−　−

事業所名称（カナ）

住所

事業所名称

※「4事業主の署名等」と同一の場合、記入不要。

7.連合会への「事業所登録」の有無等（複数回答可）

☐「事業主払込」で登録済　事業主払込用登録事業所番号

☐「個人払込」で登録済　個人払込用登録事業所番号

☑ いずれの登録もない　☐ わからない

※事業所番号が不明な場合、空欄でも構いません。但し電子申請の場合は番号の記入が必須です。

市区町村コード　　掛金納付方法　☐1：事業主払込　☐2：個人払込

企業名称区分

8.掛金の納付方法　必ずいずれかを選択してください

☑ ❶申出者が希望しているため、「事業主払込」とする。

☐ ❷申出者が希望しているため、「個人払込」とする。

☐ ❸申出者は「事業主払込」を希望しているが、「個人払込」とする。

☐ ❹申出者は「個人払込」を希望しているが、「事業主払込」とする。

→ 左で❸を選択した場合のみご記入ください。

「事業主払込」が困難な理由を選択してください。

☐ ①「事業主払込」を行う体制が整っていないため。

☐ ②その他（　　　）

9.資格取得年月日

9.資格取得年月日	退職手当等制度の種類	同制度の実施主体	同制度の根拠法令等
☐昭和 ☑平成 ☐令和 09年04月01日	①事業所で実施している退職手当等	事業主	所得税法第30条
☐昭和 ☐平成 ☐令和 年 月 日	②中退共（中小企業退職金共済）　建退共（建設業退職金共済）　清退共（清酒製造業退職金共済）　林退共（林業退職金共済）	独立行政法人勤労者退職金共済機構	中小企業退職金共済法
☐昭和 ☐平成 ☐令和 年 月 日	③特退共（特定退職金共済契約）	特定退職金共済団体（例）商工会議所	所得税法施行令第73条第1項第1号
☐昭和 ☐平成 ☐令和 年 月 日	④社会福祉施設職員等退職手当共済	独立行政法人福祉医療機構	社会福祉施設職員等退職手当共済法
☐昭和 ☐平成 ☐令和 年 月 日	⑤外国の法令に基づく保険又は共済（退職を理由に支払われるもの）	外国保険業者等	所得税法施行令第72条第3項第8号

書類 4

本人確認書類のコピー

運転免許証や健康保険証、パスポート、マイナンバーカードなど。

書類を返信用封筒で郵送し、申し込み完了の通知が届いたら、手続き終了です。

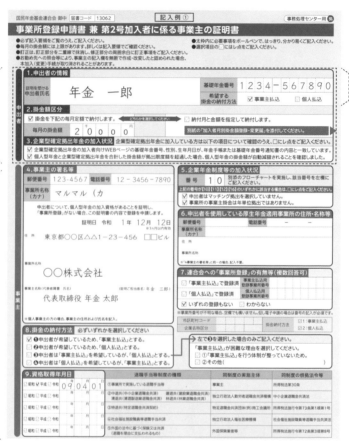

将来から逆算し、月々の掛け金を決める

　ｉＤｅＣｏ口座の準備ができたら、掛け金を決めましょう。各自の上限額まで毎月いくら積み立てられるのかを考えるとともに、将来受給したい金額から逆算して毎月いくらの掛け金が必要なのかも検討してみます。掛け金が多ければ、当然、積立額も増え、節税効果も高くなります。金融機関のホームページなどのシミュレーションで試してみましょう。ｉＤｅＣｏの掛け金は年に１回しか変更できないので、慎重に決めます。

　次に、運用商品と配分を決めます。この仕組みは、ＮＩＳＡと大きく違

〘職業により掛け金の上限がある〙

自分が月々いくらまで掛けられるかチェック。その上限内で掛け金を決める。掛け金の目安は、合計目標額÷掛けられる月数で算出できる。

職業		掛け金の上限額
 自営業、フリーランスなど		6.8万円／月
 会社員	企業年金がない	2.3万円／月
	企業型DC*のみ加入	2万円／月
	企業型DC以外に加入	2万円／月
 公務員		2万円／月
 専業主婦／主夫など		2.3万円／月

＊会社から既定の掛け金が給与とは別に支給され、会社指定の金融商品を加入者自身が運用する。運用益が将来の退職金になる。

投資スタイルに合った商品選択・配分を

iDeCoでは、複数の商品に金額を配分して運用することができる。配分は自分で決められる。一般的に、老後まで時間がある20〜30代はリターン重視の運用、年齢を重ねるにつれて安定志向の運用がおすすめ。

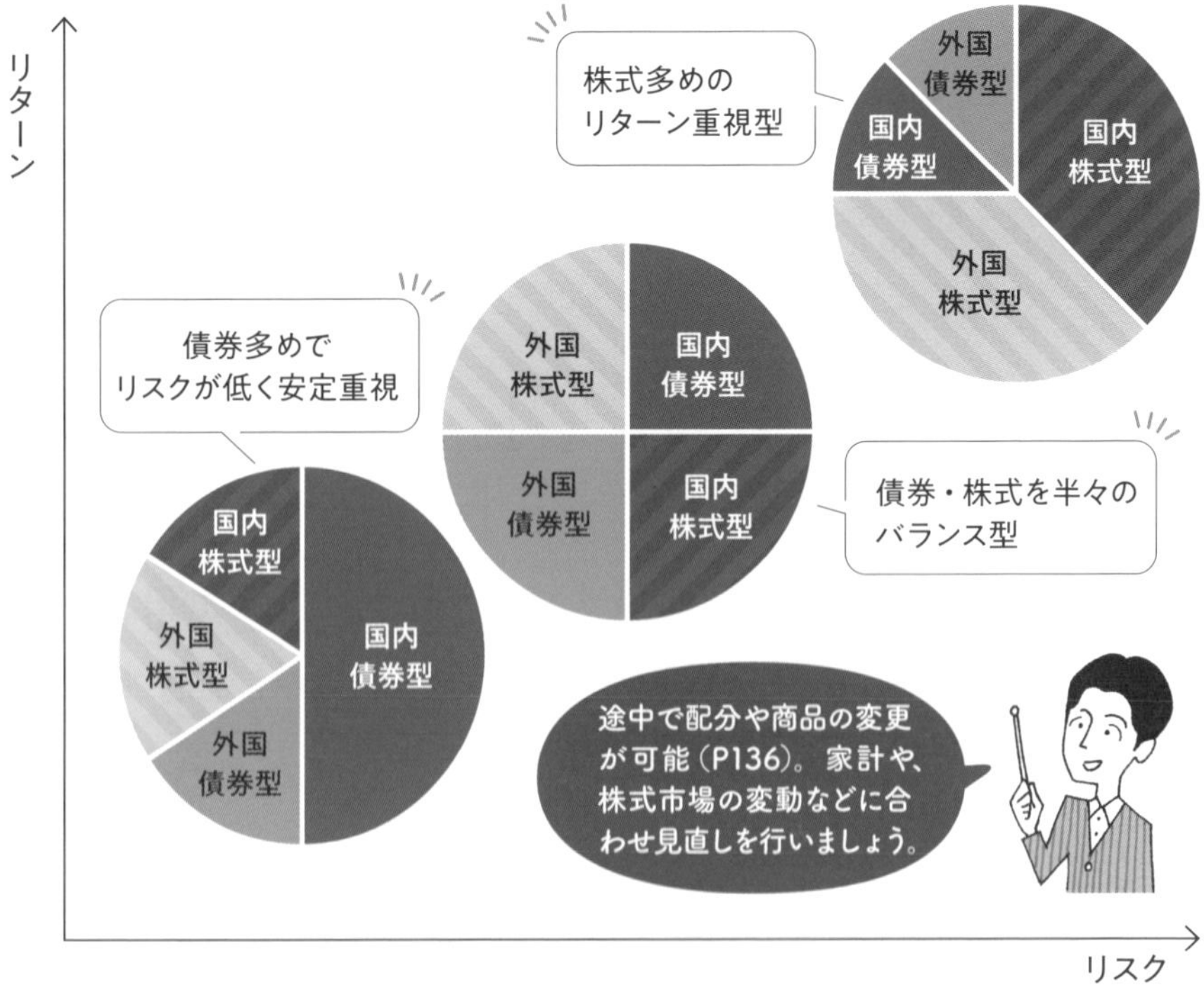

さて、実践！

月々の掛け金はいくらにする？

65歳までに3,000万円貯める場合の、月々の掛け金を算出しよう。

3,000万円 ÷ 65歳までの月数

＝＿＿＿＿＿＿＿＿円

います。NISAの場合は商品ごとに購入しますが、iDeCoの場合は決めた掛け金をいくつかの商品に振り分けていきます。例えば、月の掛け金が1万円なら、それを1つの商品に100％配分することもできますし、2つの商品に60％と40％に振り分けることもできます。

税制優遇を受けるには、忘れずに毎年控除手続きをする

〚会社員の人は年末調整時に申請〛

10月頃

STEP ① 証明書を受け取る

毎年10月頃、国民年金基金連合会から「小規模企業共済等掛金払込証明書」が届くので、保管しておく。

→

年末調整時

STEP ② 書類を記入する

年末調整で会社から配布される「給与所得者の保険料控除申告書」に掛け金の額を記入する（詳しくは左ページ）。

↓

年末調整時

STEP ③ 書類を提出する

STEP①と②の書類を会社に提出する。所得税の節税分が、年末調整で還付される。

iDeCoでは掛け金が全額所得控除になりますが、所得税と住民税の控除を受けるには、毎年、自分で手続きをする必要があります。

会社員や公務員であれば、勤務先での年末調整の際に、保険料控除申告書に必要事項を記入し、証明書を添付して提出します。年間の掛け金は、年末が近づくと国民年金基金連合会から郵送される「小規模企業共済等掛金払込証明書」に記載されています。掛け金が給与天引きの場合には、勤務先が手続きを行うため、自分で提出する必要はありません。

〚年末調整時の書類の記入のしかた〛

「給与所得者の保険料控除申告書」

年末調整で提出する書類の一つ。生命保険、地震保険などの保険料の控除を受けるために提出するもの。

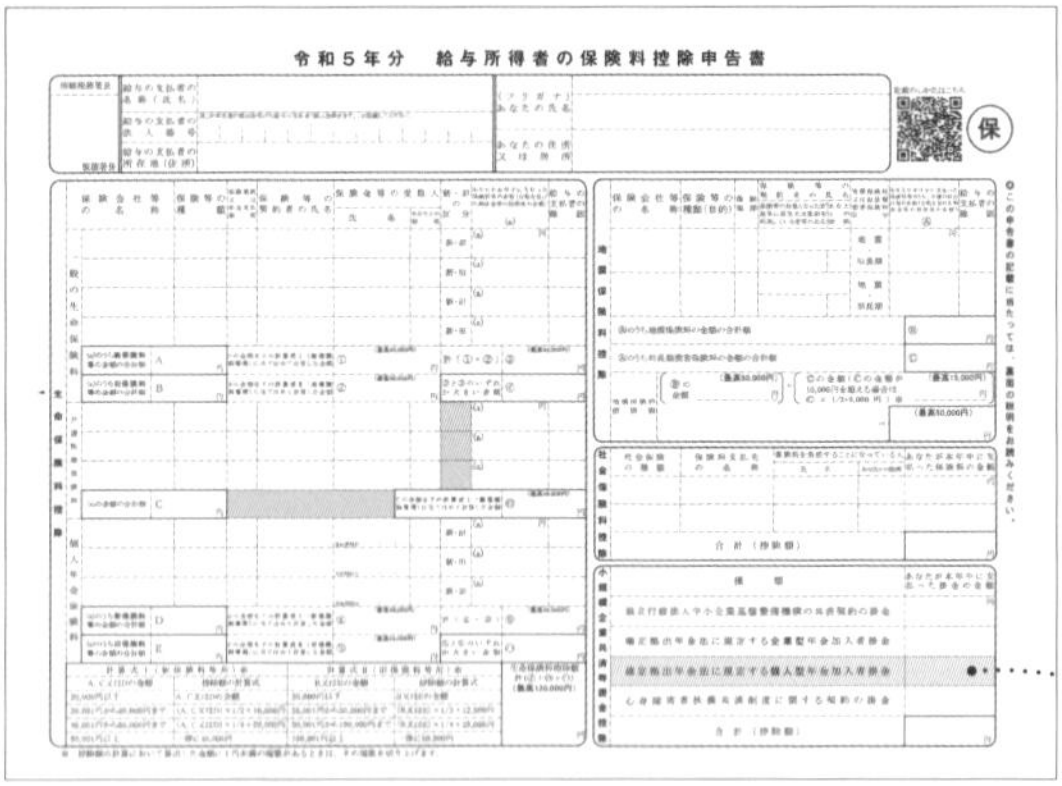

＼＼ここに記入!／／

小規模企業共済等掛金控除	種類	あなたが本年中に支払った掛金の金額
	独立行政法人中小企業基盤整備機構の共済契約の掛金	円
	確定拠出年金法に規定する企業型年金加入者掛金	
	確定拠出年金法に規定する個人型年金加入者掛金	(例) 100,000
	心身障害者扶養共済制度に関する契約の掛金	
	合計（控除額）	円

“確定拠出年金法に規定する個人型年金加入者掛金”の欄に、「小規模企業共済等掛金払込証明書」（右ページSTEP①）に記載の年間の掛け金合計額を記載する。

＼自営業・フリーランス・専業主婦／主夫の人などは／

確定申告で申請を行う

自営業やフリーランスの人は、確定申告の際に「小規模企業共済等掛金控除」の申告を行います。会社員や公務員で年末に手続きするのを忘れてしまった場合にも、同様に自身で確定申告を行えば、控除を受けられます。

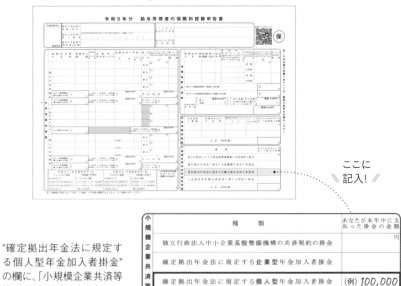

年齢や環境の変化とともに運用状況を見直す

〖運用状況を見直すタイミング〗

大きい出費のあと

Ex.) 住宅を購入
Ex.) 急な入院・手術
など

収入が増減したとき

Ex.) 昇進・昇給
Ex.) 転職
Ex.) 副業が順調
など

ライフイベントに伴って

Ex.) 子育てにお金がかかるので一時的に減額
など

iDeCoでは加入時に自分で掛け金と運用商品を決めますが、その時にはベストな選択であっても、5年後、10年後も同じとは限りません。収入の増減、ライフイベントによる出費など、自分の生活や経済状況によって運用状況を見直していきます。

掛け金は年に1回の変更が可能です。継続が困難な場合は、iDeCoの解約はできませんが、一時停止は可能です。また、運用商品の種類や配分を変更したり、これまでに運用してきた商品を売却して別の商品を購入したりすることもできます。

〚状況にあわせて調整ができる〛

掛け金の金額変更

1年につき1回まで、月々の掛け金の変更ができる。頻繁に変更すると、複利（P89）やドル・コスト平均法（P90）のメリットを十分に受けられなくなるので注意。

〈手続き方法〉

加入者掛金額変更届を郵送する

掛け金の一時停止

理由にかかわらず、月々の拠出を一時停止することができる。将来の資産額を考えると、なるべく一時停止は避けたいところ。掛け金の減額も考慮する。

〈手続き方法〉

加入者資格喪失届を郵送する

配分変更

毎月の掛け金で購入する運用商品と、その配分を変更する手続き。配分変更に手数料はかからず、回数にも制限はない。

Ex.) 商品Cへの月々の掛け金の配分を減らし、商品Bへの配分を増やす

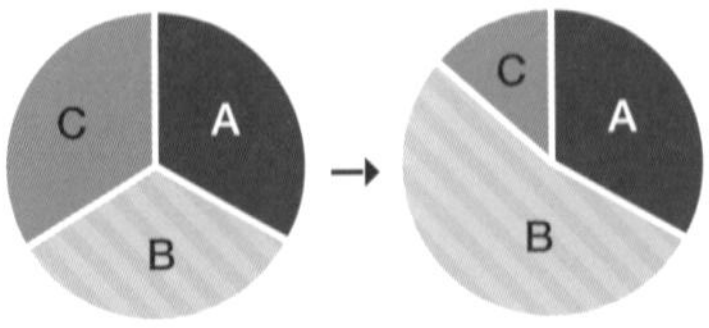

〈手続き方法〉

金融機関のHP
「運用商品・掛け金配分を変更」などから変更可能

スイッチング

保有している商品の残高の一部、または全部を売却して、その代金で新しい商品を購入すること。保有残高の中身を入れ替えることであり、毎月の掛け金で購入する商品は変わらない。

Ex.) 保有している商品Cの残高を売却し、商品Dを購入する

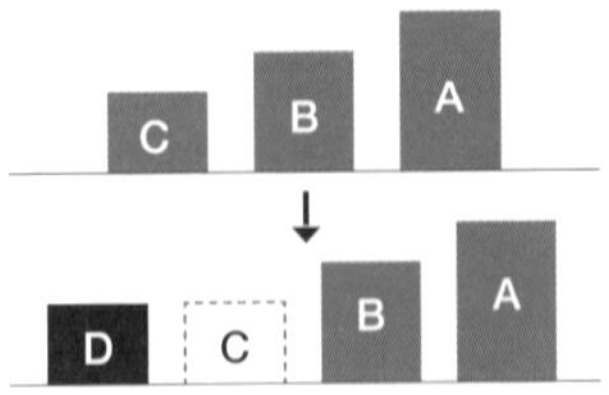

〈手続き方法〉

金融機関のHP
「保有商品の入れ替え」などから変更可能

一時金、年金、併給。60歳以降、3つの受け取り方がある

iDeCoで積み立てた資産は、60歳を過ぎてから受け取れます。受給方法は、60～75歳の間に一括で受け取る「一時金」、60歳以降に毎月または年に数回に分けて受け取る「年金」、この2つを組み合わせた「併給」の3タイプがあります。

何歳になったらどの方法で受け取るかは、それぞれのメリット・デメリットに加えて、60歳時点での住宅ローンの有無や退職する年齢、公的年金の状況をふまえて検討します。受給可能になると書類が届きます。受給方法を決めて申請しましょう。

〚受給時の状況に合った受け取り方を選択する〛

公的年金の受給開始は原則65歳から、iDeCoは原則60歳から。iDeCoには3種類の受給方法がある。受け取るときはいずれも税金がかかる。

＼＼一括で受け取る／／

方法 1 一時金

iDeCoの運用益を60～75歳の間で、一括で受け取る方法。受け取り時に適用される控除は「退職所得控除」。

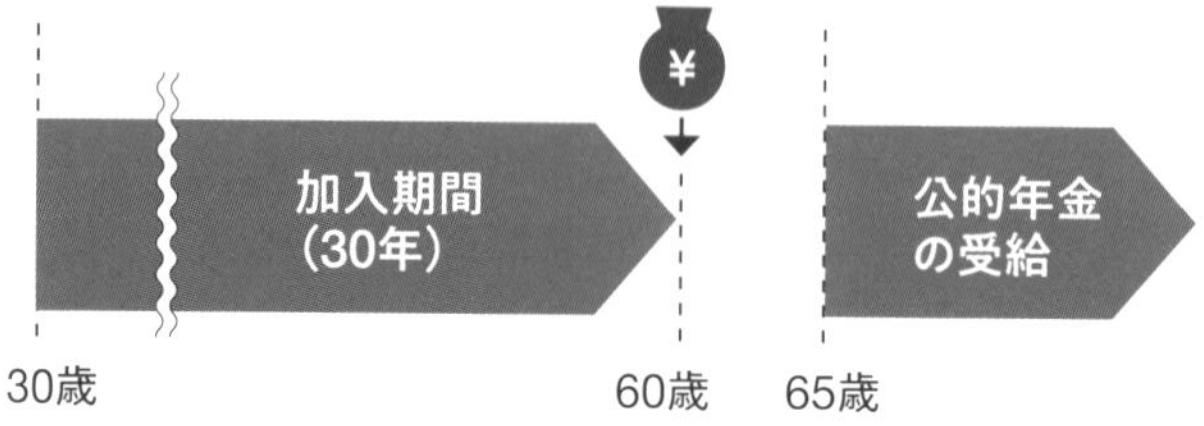
¥
加入期間
（30年）
公的年金
の受給
30歳
60歳
65歳

退職所得控除とは？

退職金の課税対象額を減らし、税負担を軽減すること。以下の計算式で算出した額で、税金を計算する。

iDeCo 一時金受給額 － 退職所得控除額 × $\frac{1}{2}$

- 勤続 20 年以下　40 万円×勤続年数
- 勤続 20 年超（勤続年数－ 20年）× 70万円＋ 800万円

\\ 一定額をこまめに受け取る //

方法 2 年金

60歳以降、毎月または年数回、一定額を受け取り続ける。
受け取り時に適用される控除は「公的年金等控除」。

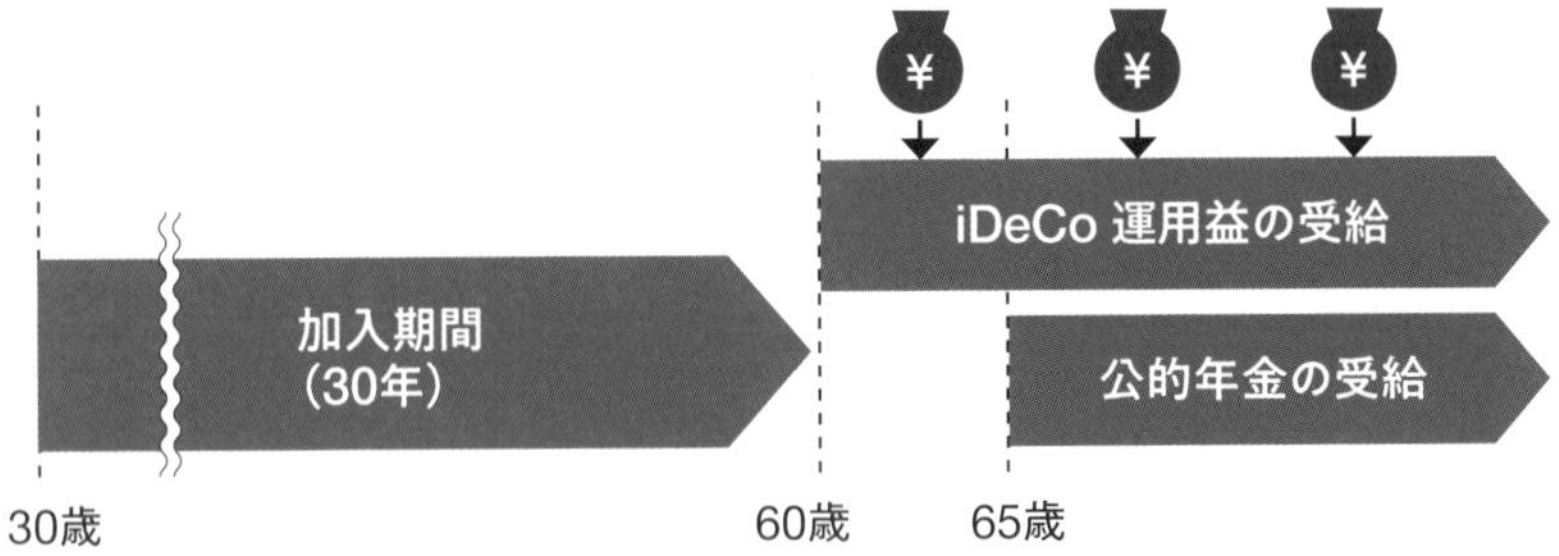

公的年金等控除とは?

年金受給者の税負担を軽減する制度。以下の計算式で算出した額（課税所得）で税金を計算する。

年金額 − 公的年金等控除額

- 65 歳未満
  最低控除額 60 万円／年
- 65 歳以上
  最低控除額 110 万円／年

\\ 一時金と年金を組み合わせる //

方法 3 併給

一時金と年金を組み合わせて受給する方法。金融機関によっては選択不可の場合もあるので、金融機関を選ぶときに注意。

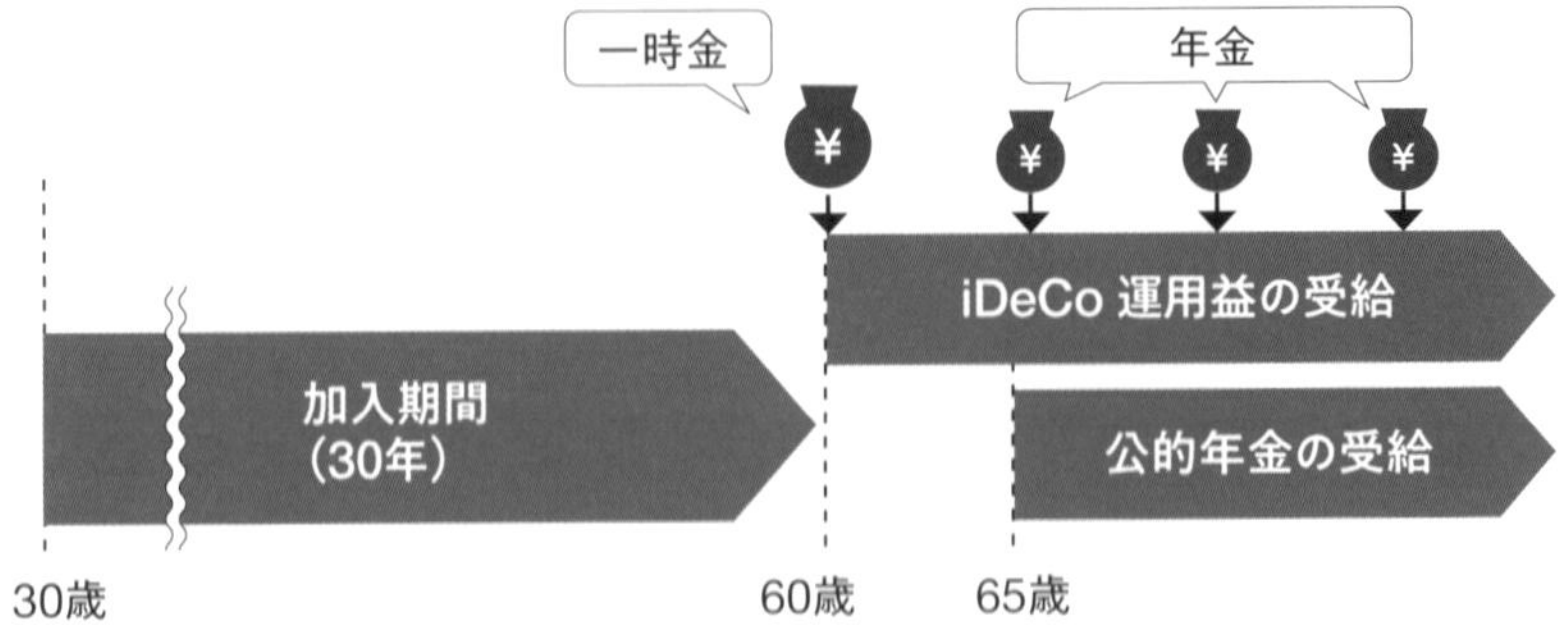

\\ 人生100年時代に備える //

65歳までに
資産3,000万円形成しよう

20代Aさんの場合

Profile : Aさん

- 25歳　女性
- IT企業の企画職
- 独身で一人暮らし
- 賃貸マンション

資産形成アドバイス

20代の強みは、なんといっても老後までの期間が長いこと。初期投資費用や月々の積立額が少なくても、資産を十分増やすことができます。余裕が出てきたら掛け金を増やしたり、まとまった金額を投資したりすることで、さらに資産の増加が期待できるでしょう。

（例）元手0円、月々1万円、利回り7.5%で40年間運用

\\ 運用シミュレーション //

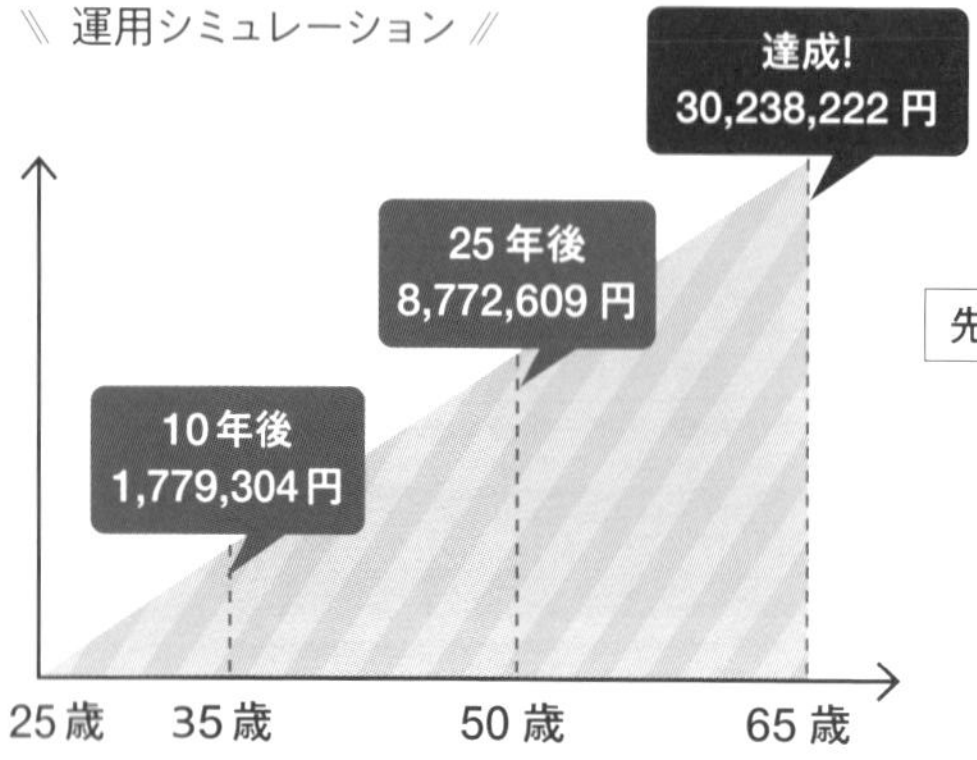
達成!
30,238,222円
25年後
8,772,609円
10年後
1,779,304円
25歳
35歳
50歳
65歳

\\ 資産配分の例 //

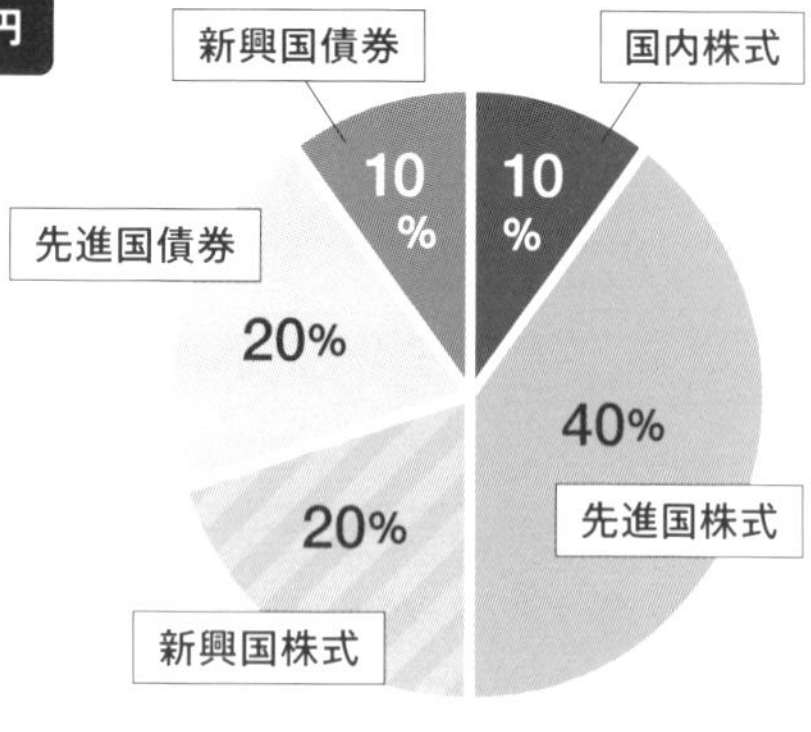
新興国債券
10%
国内株式
10%
先進国債券
20%
40%
先進国株式
20%
新興国株式

※アセットマネジメントOne「資産運用かんたんシミュレーション」を利用して編集部でシミュレーションを作成。将来の結果を予測し、保証するものではありません。(https://www.am-one.co.jp/shisankeisei/simulation.html)

40代B男さんの場合

Profile : B男さん

- 40歳　男性　・製菓メーカー勤め
- 家族構成：妻（40歳会社員）、長男（13歳）、長女（9歳）
- 5年前に住宅を購入。ローン返済中

資産形成アドバイス

住宅、子育てなどいろいろとお金がかかる世代。毎月多くを投資に回せない人も多いでしょう。しかし老後までにはまだ時間があるので、毎月2～3万円の投資をするだけでも、3,000万円形成することも可能です。

（例）元手25万円、月々3万円、利回り8.0％で25年運用

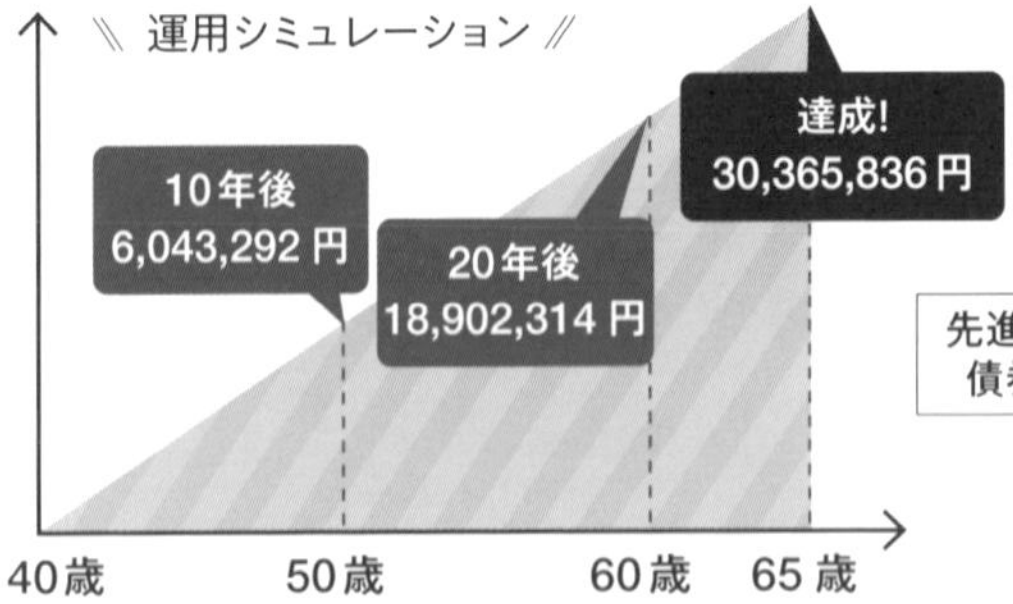
運用シミュレーション
10年後
6,043,292円
20年後
18,902,314円
達成!
30,365,836円
40歳
50歳
60歳
65歳

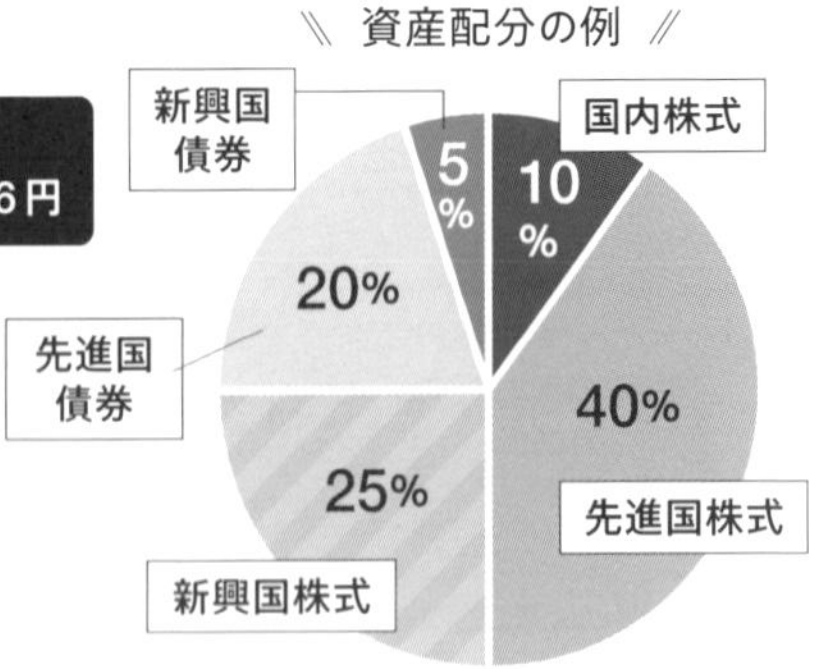
資産配分の例
国内株式
10%
先進国株式
40%
新興国株式
25%
先進国債券
20%
新興国債券
5%

本書で資産形成について学び、実際に投資を始めようとしている人も多いのではと思います。

何事も、何か目標があった方が、継続しやすいもの。自分の中で、「何歳頃までにいくらの財産を築く」と明確な目標があるといいでしょう。老後、安心できる生活をむかえたい人は、「65歳までに３０００万円」を目標に、投資を始めてみてはいかがでしょうか。

１人３０００万円の金融資産があれば、かなり心の余裕がもてるでしょう。一見無謀な額に見えますが、実はどの年代でも、いまから３０００万円形成することは十分に可能です。ここでは、年代ごとの資産形成のアドバイスを具体的に紹介します。

50代Cさんの場合

Profile : Cさん

- 55歳　女性　・地域の学童保育で週3日パート勤務
- 家族構成：夫（65歳、定年退職済み）、長女（25歳）、長男（23歳）
- 持ち家。ローン返済済み

資産形成アドバイス

老後までの時間は短いですが、これまでの貯蓄などで、まとまった初期投資費用が準備できたり、月々の掛け金を増やせたりするのがこの世代の強み。初期投資費用の捻出が厳しい場合は、個別株式など利回りの大きい投資にチャレンジすることになります。

（例1）元手800万円、月々5万円、利回り9.5%で10年運用

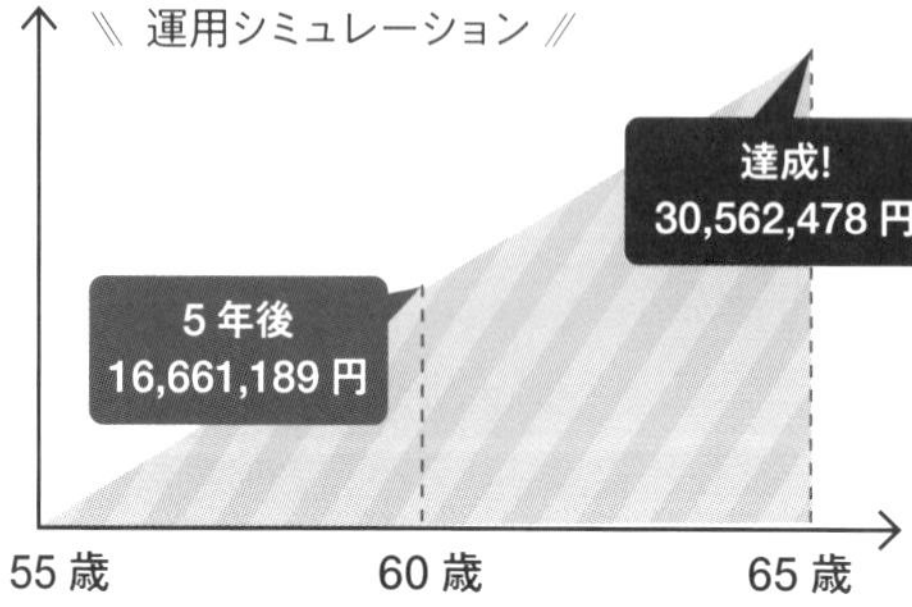

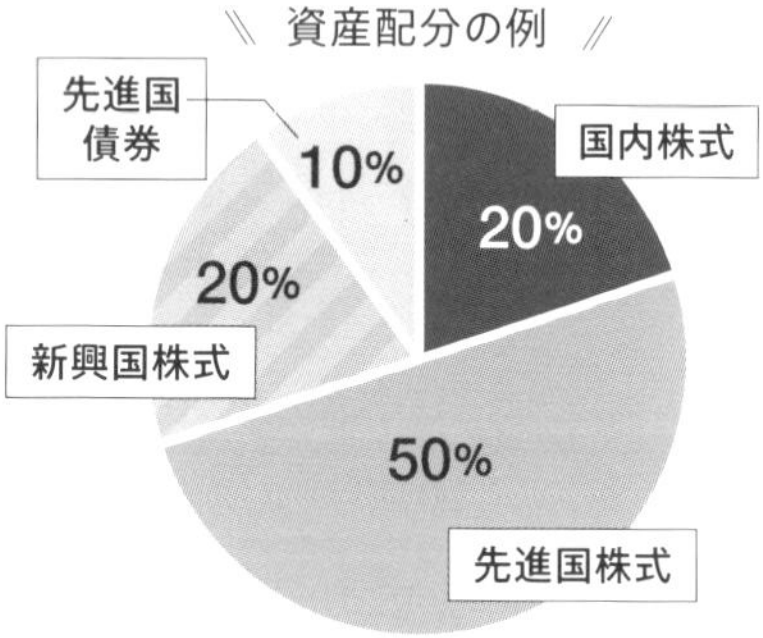

（例2）元手200万円、月々5万円、利回り19%で10年運用

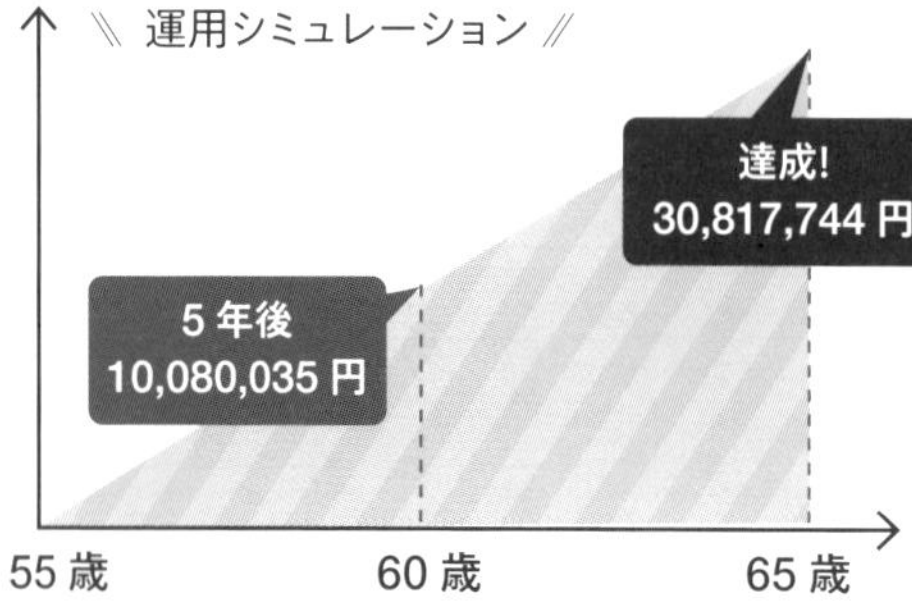

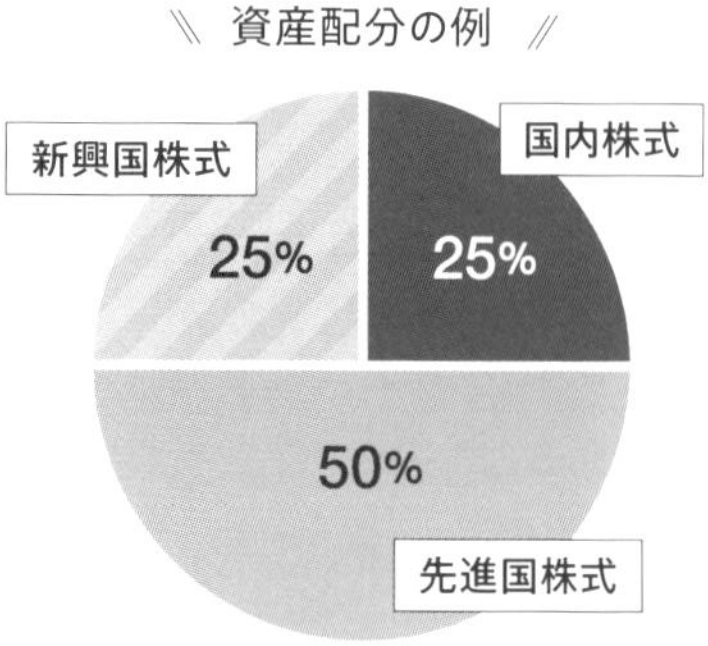

3,000万円貯めるワークシート

1 自分の情報を整理しよう

目標金額	3,000 万円
積立期間	65歳－（自分の年齢）＿＿＿＿＝（あと）＿＿＿＿年
初期投資額	▶元手はいくらある?＿＿＿＿円くらい
毎月の積立金額	▶毎月いくら投資に回せる?＿＿＿＿円／月
目標利回り	▶3,000万円形成するのに必要な利回り＿＿＿＿%

目標金額から利回りを
シミュレーションできる
サイトを活用しよう

2 資産の動きをシミュレーションしよう

資産形成シミュレーションサイトを使って、利回り・初期投資額・毎月の積立金額・積立期間から65歳までに形成できる資産の金額を算出しよう。

Ex.) アセットマネジメントoneのシミュレーションサイト

▶シミュレーションをもとに、年齢ごとの資産額の目安をメモしておこう

＿＿＿＿歳で資産額＿＿＿＿円

＿＿＿＿歳で資産額＿＿＿＿円

＿＿＿＿歳で資産額＿＿＿＿円

＿＿＿＿歳で資産額＿＿＿＿円

65 歳で資産額 3,000万 円

市川雄一郎（いちかわ　ゆういちろう）

グローバルファイナンシャルスクール（GFS）校長。日本FP協会会員、日本FP学会会員。国家資格1級ファイナンシャル・プランニング技能士（資産設計提案業務）と世界25カ国（2024年2月現在）のFP国際資格CFP® 取得。学位はMBA／経営学修士（専門職）。投資教育の第一人者として、グローバルファイナンシャルスクール（GFS）の校長を務める傍ら、ソフトバンクグループが創設した私立大学であるサイバー大学でも教鞭を執る。また、金融機関主催の講演や、TBSドラマ『トリリオンゲーム』の投資監修、ラジオ、TV番組への出演、新聞、雑誌への寄稿などメディアでも活躍。主な著書に『投資で利益を出している人たちが大事にしている45の教え』（日本経済新聞出版）、監修書籍『0からわかる！株超入門』（ソシム）がある。

●グローバルファイナンシャルスクール（GFS）HP：https://gfs-official.com/

装幀　石川直美（カメガイ デザイン オフィス）
装画　hisa_nishiya/shutterstock.com
本文デザイン　工藤亜矢子
本文イラスト　村山宇希
校正　渡邉郁夫
編集協力　中山恵子、オフィス201（和田さや加）

参考文献

『改訂新版 節約・貯蓄・投資の前に 今さら聞けないお金の超基本』泉美智子監修／坂本綾子著（朝日新聞出版）
『株・投資信託・iDeCo・NISA がわかる 今さら聞けない投資の超基本』泉美智子著／奥村彰太郎監修（朝日新聞出版）
『老後不安を解消して、未来へ投資する！ ライフプランから考える お金の増やし方』大竹のり子著（ナツメ社）
『0からわかる！ お金の増やし方超入門』田淵宏明監修（ソシム）

知識ゼロからの株で3000万円貯める技術

2024年11月20日　第1刷発行
2025年 5 月25日　第2刷発行

著　者　市川雄一郎
発行人　見城 徹
編集人　福島広司
編集者　鈴木恵美

発行所　株式会社 幻冬舎
〒151-0051　東京都渋谷区千駄ヶ谷4-9-7
電話　03-5411-6211（編集）　03-5411-6222（営業）
公式HP：https://www.gentosha.co.jp/
印刷・製本所　近代美術株式会社

検印廃止

ISBN978-4-344-90361-6　C2033
この本に関するご意見・ご感想は、下記アンケートフォームからお寄せください。
https://www.gentosha.co.jp/e/